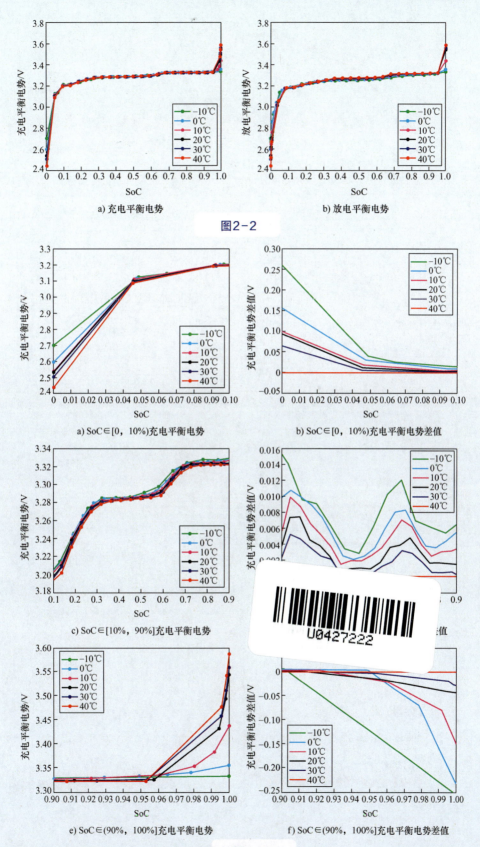

a) 充电平衡电势 b) 放电平衡电势

图2-2

a) SoC∈[0, 10%)充电平衡电势 b) SoC∈[0, 10%)充电平衡电势差值

c) SoC∈[10%, 90%]充电平衡电势

e) SoC∈(90%, 100%]充电平衡电势 f) SoC∈(90%, 100%]充电平衡电势差值

图2-3

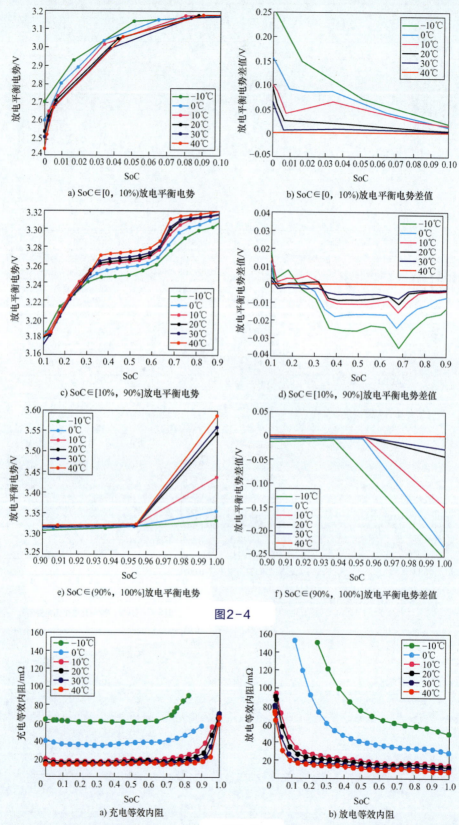

图2-4

图2-6

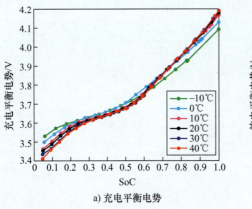
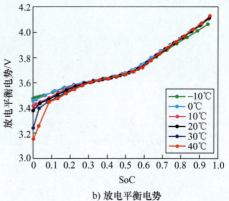

a) 充电平衡电势　　　　　　　　b) 放电平衡电势

图2-9

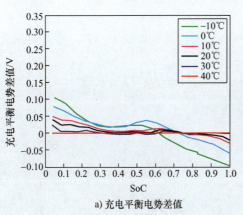
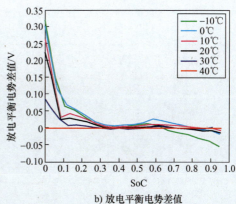

a) 充电平衡电势差值　　　　　　b) 放电平衡电势差值

图2-10

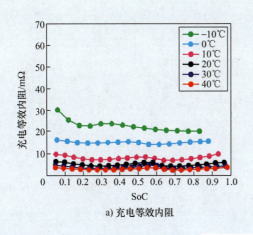
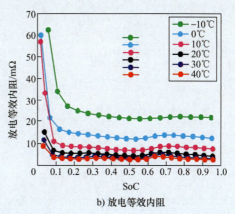

a) 充电等效内阻　　　　　　　　b) 放电等效内阻

图2-11

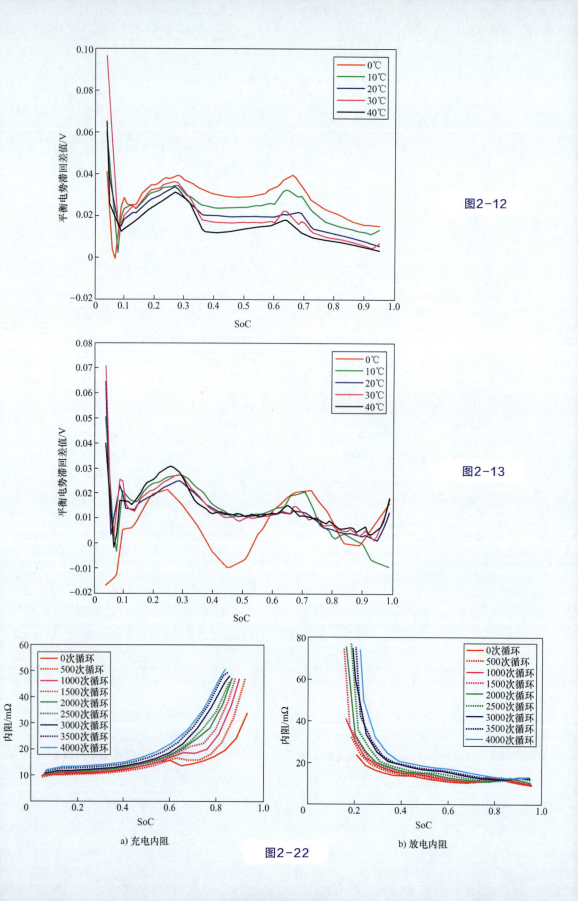

图2-12

图2-13

图2-22
a) 充电内阻　　b) 放电内阻

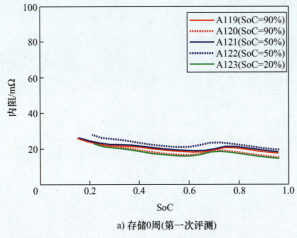

a) 存储0周(第一次评测)

图2-34

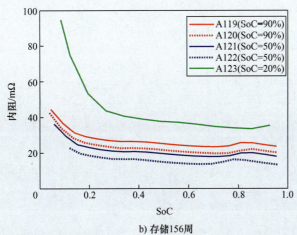

b) 存储156周

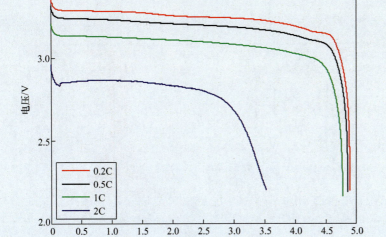

图3-37

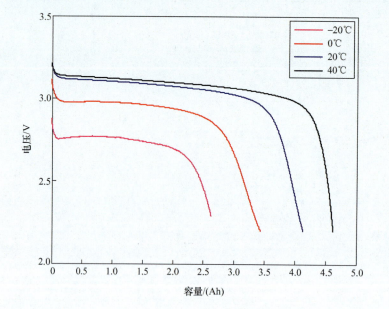

图3-38

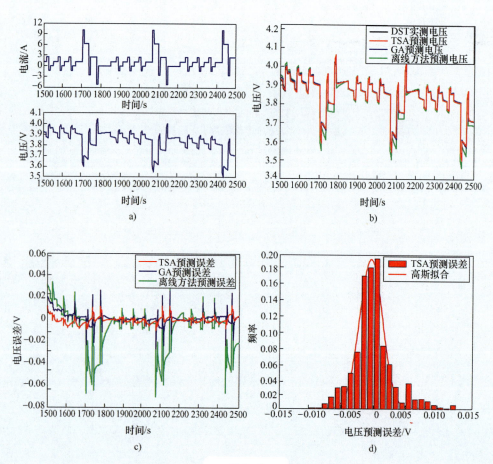

图4-6

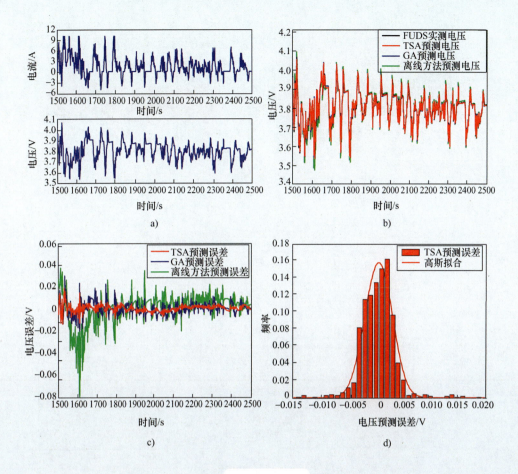

图4-7

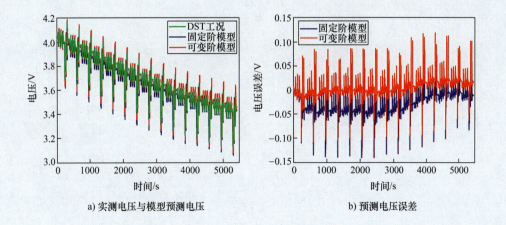

a) 实测电压与模型预测电压   b) 预测电压误差

图4-11

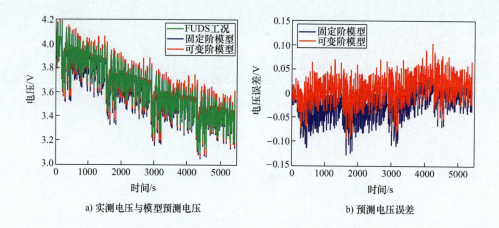

a) 实测电压与模型预测电压

b) 预测电压误差

图4-14

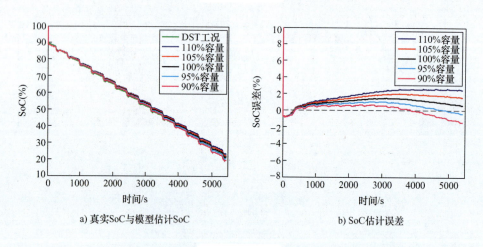

a) 真实SoC与模型估计SoC

b) SoC估计误差

图4-18

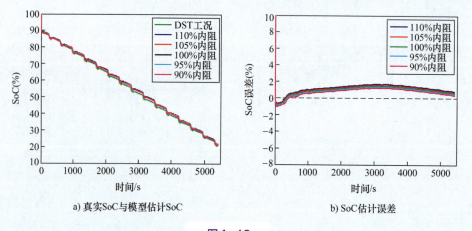

a) 真实SoC与模型估计SoC

b) SoC估计误差

图4-19

"十三五"国家重点出版物出版规划项目
能源革命与绿色发展丛书
新能源汽车关键技术丛书

电动汽车智能电池管理系统技术

谭晓军 著

机械工业出版社

十多年来，作者与国内多家著名汽车生产企业及动力电池生产企业合作，对电池管理系统技术进行了深入的研究和探索，曾于2011年和2014年出版了两本关于电池管理系统的技术专著。本书结合作者近年来的工作实践，聚焦于电池管理系统的智能化技术，突出了电池管理的"策略"，突出了算法的"自适应性"；同时，智能诊断、智能参数识别往往离不开大数据，因此本书也探讨了电池的测试以及数据管理等问题。

本书可作为新能源汽车领域技术人员的参考书，也可以作为非汽车用"大型储能电源"从业者的技术参考书。

图书在版编目（CIP）数据

电动汽车智能电池管理系统技术/谭晓军著. —北京：机械工业出版社，2019.8（2023.11重印）

(能源革命与绿色发展丛书. 新能源汽车关键技术丛书)

"十三五"国家重点出版物出版规划项目

ISBN 978-7-111-63228-3

Ⅰ.①电⋯ Ⅱ.①谭⋯ Ⅲ.①电动汽车-电池-管理 Ⅳ.①U469.720.3 ②TM91

中国版本图书馆CIP数据核字（2019）第143043号

机械工业出版社（北京市百万庄大街22号　邮政编码100037）
策划编辑：刘星宁　责任编辑：刘星宁
责任校对：佟瑞鑫　封面设计：马精明
责任印制：单爱军
北京虎彩文化传播有限公司印刷
2023年11月第1版第4次印刷
169mm×239mm · 10.5印张 · 4插页 · 213千字
标准书号：ISBN 978-7-111-63228-3
定价：59.00元

电话服务　　　　　　　　　网络服务
客服电话：010-88361066　　机　工　官　网：www.cmpbook.com
　　　　　010-88379833　　机　工　官　博：weibo.com/cmp1952
　　　　　010-68326294　　金　书　网：www.golden-book.com
封底无防伪标均为盗版　机工教育服务网：www.cmpedu.com

前 言

感谢国内外同行们对笔者所在的中山大学研究团队的支持和厚爱，在过去的 5 年内，团队与国内多家整车厂、电池厂、电池管理系统生产企业有着深入的合作和交流。然而，最近在国内调研的时候，笔者不断思考一个问题：电动汽车未来 5 年的研发目标应该怎么表达？例如，在规划电池系统的研究目标的时候，如果我们还是在能量密度、价格、安全性、寿命上面提指标，这会受到一些行外人士的质疑，说："10 年前你们就在提这些关键词，为什么今天还在提同样的关键词？"

直到某一天，笔者正在跑长跑，在途中过完"极点"的时候，突然有一种很强烈的感觉：目前电动汽车技术发展正处于一个很类似的"途中跑"阶段。一方面，如果我们回望起点，会发现电动汽车技术取得了较大的发展，"三电"等核心技术取得了很大的进步；另一方面，就电动汽车的整体而言，离目标点还比较远，电池的能量密度不高，价格贵，寿命短，充电过程还不如燃油汽车加油过程便捷。随着电动汽车产业的逐步发展，相关的技术逐步提升，一群从事电化学技术、电池生产技术、电池成组技术研究的研发人员，通过每年的努力，使得电动汽车电池系统的技术水平得到了很大的提升。"途中跑"，是需要坚持的，需要对最后到达终点具有信心，也需要稳稳地迈出当前脚下的每一步。

与其他电动汽车核心零部件技术一样，电池管理系统的技术在过去 5 年里也取得了很大的发展。作为"途中跑"的状态，本书聚焦于电池管理系统的智能化技术。"智能化"突出以下几个特色：第一，一般意义的软硬件技术突出的是"功能"，而智能技术突出的是"策略"；第二，智能技术突出"自适应"，因此本书谈到了在 SoC 估算的时候，电池模型的参数是动态可变的，不仅要管好新电池，还可以对电池当前的健康状态进行诊断、预测剩余寿命等；第三，智能诊断、智能参数识别往往离不开大数据，因此本书也探讨了电池的测试以及数据管理等问题。

在本书的撰写、成稿的过程中，笔者的研究生陈维杰、范玉千、陆泳施、许俊斌、韦旺、梁永贤、张升侃等，都贡献了不少的时间和精力，在此对他们表示衷心的感谢。

作　者
2019 年 8 月于康乐园

目 录

前 言

第1章　再议汽车 BMS 的开发流程 ········· 1
1.1　电动汽车 BMS 开发的一般流程 ········· 1
1.2　电池建模在 BMS 开发过程中的核心地位 ········· 3

第2章　动力电池测试 ········· 6
2.1　动力电池特性测试 ········· 6
2.1.1　测试安排 ········· 6
2.1.2　$LiFePO_4$ 电池特性测试结果 ········· 7
2.1.3　$Li(NiCoMn)O_2$ 三元电池特性测试结果 ········· 16
2.1.4　两类动力电池特性对比 ········· 19
2.1.5　动力电池的电压回弹特性 ········· 21
2.2　动力电池劣化测试 ········· 23
2.2.1　动力电池劣化过程中的容量变化规律 ········· 23
2.2.2　动力电池劣化过程中的内阻谱变化规律 ········· 30
2.2.3　存储条件对动力电池劣化的影响 ········· 38

第3章　动力电池全生命周期信息化与智能诊断 ········· 41
3.1　动力电池全生命周期信息化 ········· 41
3.1.1　动力电池的数据类型及体量测算 ········· 41
3.1.2　动力电池的数据传输方式 ········· 47
3.1.3　动力电池数据的分级管理 ········· 50
3.2　动力电池的智能诊断问题 ········· 52
3.2.1　动力电池劣化诊断指标 ········· 53
3.2.2　动力电池离线劣化诊断 ········· 54
3.2.3　动力电池在线劣化诊断 ········· 58
3.2.4　动力电池的故障分析 ········· 68

3.2.5　基于移动客户端的动力电池检测系统 ……………………………… 69
3.3　退役电池的梯次利用 ……………………………………………………………… 74
　　3.3.1　动力电池梯次利用相关标准与政策 …………………………………… 75
　　3.3.2　动力电池梯次利用的基本流程 ………………………………………… 78
　　3.3.3　退役电池分选指标研究 ………………………………………………… 86

第 4 章　电动汽车 SoC 估算问题的深入讨论 …………………………………… 93

4.1　对 SoC 概念的理解及存在的分歧 ……………………………………………… 93
　　4.1.1　对 SoC 理解存在分歧 …………………………………………………… 93
　　4.1.2　SoC 与 SoP、SoE 的区别与联系 ……………………………………… 96
4.2　模型参数化及其在线识别 ………………………………………………………… 99
　　4.2.1　动力电池的等效电路模型 ……………………………………………… 99
　　4.2.2　模型参数的离线扩展方法 …………………………………………… 100
　　4.2.3　模型参数的在线识别方法 …………………………………………… 104
4.3　基于分数阶理论的电池建模与 SoC 估算 …………………………………… 108
　　4.3.1　锂离子动力电池分数阶建模 ………………………………………… 108
　　4.3.2　基于分数阶无迹卡尔曼滤波的 SoC 估算 ………………………… 112
　　4.3.3　基于双卡尔曼滤波的模型阶次与 SoC 联合估算 ………………… 115
　　4.3.4　实验与结果分析 ……………………………………………………… 117

第 5 章　均衡控制策略的研究 ………………………………………………………… 123

5.1　均衡控制策略与均衡拓扑结构的关系 ………………………………………… 123
5.2　均衡控制策略的制订 …………………………………………………………… 124
　　5.2.1　实施均衡的时机 ……………………………………………………… 124
　　5.2.2　均衡所依据的变量 …………………………………………………… 127
5.3　两种非耗散型的均衡控制策略 ………………………………………………… 133
　　5.3.1　两种非耗散型均衡拓扑结构 ………………………………………… 133
　　5.3.2　分级均衡控制策略 …………………………………………………… 138
　　5.3.3　铅酸电池中转均衡控制策略 ………………………………………… 144
5.4　均衡控制策略的评价与对比 …………………………………………………… 146
　　5.4.1　均衡控制策略的评价指标 …………………………………………… 146
　　5.4.2　均衡控制策略流程对比 ……………………………………………… 148
　　5.4.3　均衡时间对比 ………………………………………………………… 149
　　5.4.4　均衡能量消耗对比 …………………………………………………… 153

5.4.5 均衡对电池寿命影响对比 …………………………………… 154
5.4.6 容量利用率对比 …………………………………………… 155
5.4.7 优化案例分析 ……………………………………………… 155

第6章 小结与展望 …………………………………………………… 157

参考文献 …………………………………………………………………… 158

第1章 再议汽车BMS的开发流程

新能源汽车是目前大功率锂离子电池组使用得最为广泛的场合,因此汽车电池管理系统(Battery Management System,BMS)的开发流程具有相当高的代表性。在笔者2011年所写的第一本书《电动汽车动力电池管理系统设计》[1]中,曾对电动汽车BMS的开发流程进行了讨论,本章尝试对当时所描述的BMS开发流程做一些补充。

1.1 电动汽车BMS开发的一般流程

在《电动汽车动力电池管理系统设计》一书[1]的3.3节,笔者曾经对BMS开发的一般流程进行了讨论,随着认识的深入,我们对该流程进行了一些补充,提出了电动汽车BMS开发的一般流程,如图1-1所示。

对于图1-1,需要进行以下的一些讨论。

1. 关于BMS开发所要遵循的标准

在进行BMS开发前,需要先搜集有关的标准。在过去的10年中,与BMS开发相关的标准相继出台。因为标准还在不断地完善、更新当中,所以笔者不在此对具体的标准进行罗列。简单而言,可以分成以下几大类:

第一,与BMS的质量、性能、功能直接相关的标准。这一类标准直接对BMS的各项功能所要达到的性能指标进行了规定。例如,对BMS的电压、电流传感器进行检定,对荷电状态(SoC)等BMS的主要功能所要达到的精度进行规定,等等。

第二,由电池系统的标准析出的对BMS的要求。例如,国家标准要求整个电池系统在充电、放电的过程中,能做到自我保护,做到在正常使用过程中不过充、不过放,这就要求作为电池系统主要部件之一的BMS具备充电保护、放电保护的功能。因此在收集BMS标准的时候不能单纯地从电子、电气的角度出发,还要从电池系统(电池包)的角度出发。

第三,由整车安全的要求析出对BMS的要求。例如,国内、国际标准,对于全车电子系统的电磁兼容性(Electro Magnetic Compatibility,EMC)进行了规定,

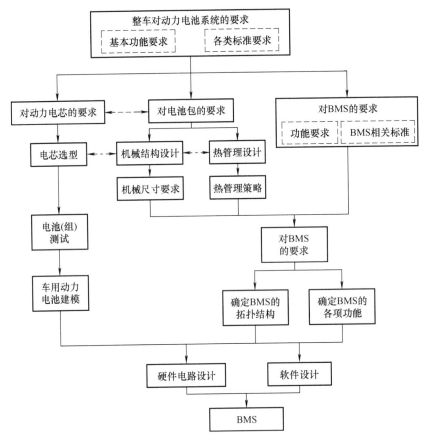

图 1-1 电动汽车 BMS 开发的一般流程

要求 BMS 在工作时,对外辐射强度不能高于一定的阈值;与此同时,BMS 在工作时还要抵抗一定强度的外界辐射,避免在受到轻度干扰的时候就停止工作。

针对以上三类标准,以往的认识更多地停留在硬件层面,而近年来,更多的与软件相关的标准受到了人们的关注。其中比较有代表性的就是汽车开放系统架构(AUTomotive Open System ARchitecture,AUTOSAR)的软件规范,以及 ISO 26262 的参考标准。

2. BMS 开发的边界问题

以往,就 BMS 的开发,一般都比较孤立地从软件、硬件两个方面着手考虑;而事实上,近年来的实践表明,BMS 的开发必须与一些相关的领域进行融合。也就是说,BMS 工程师不仅仅需要懂得软件、硬件开发,还需要考虑与之相关的一些领域的专业知识。这些相关领域可能包括:

第一,要懂得电芯的电化学特性,并从电芯的特性入手,进行电池建模,电池模型能反映电池在工作过程中所表现出来的特性。为得到较为全面的电池模型，要对电芯进行测试，这个步骤对于电池的开发尤为重要。从图1-1中最左边的线条可以看出，电芯测试的工作非常重要，它是BMS开发的前提。

第二，BMS与电池包设计的结合。在相当长的一段时间里，BMS的设计与电池包的设计是分离的，也就是电池包的设计者、生产商，仅仅将BMS当成一个普通供货商，仅仅提供标准化的BMS产品，而导致所设计的BMS与电池系统的性能并不能完全匹配，不能使得电池系统发挥出最佳的性能。与此类似，有不少整车生产企业仅仅将电池系统的提供者作为普通供货商，在整车设计之初，不太考虑电池包的布局，而到设计的后期，再让电池包去适应整车，导致许多车上的电池系统近似"怪胎"。

如图1-1所示，BMS与电池包设计的融合，具体体现在"机械结构设计""热管理设计"这两个方面。前者涉及BMS的硬件布置、采集线的走线设计、高压绝缘设计等；后者涉及热管理模型、热管理算法等。就BMS热管理设计的内容，将在本书后面的章节进行较为详细的讨论。

3. BMS的开发离不开电池的特性测试

事实上，BMS开发的过程是与电池密不可分的，体现在两个方面：第一，BMS的软件处处围绕电池的特性，即需要根据电池的性能特点来开发BMS的功能；第二，BMS的测试与电池的测试往往是一起进行的，即我们往往将电池与BMS组合在一起，构成电源系统，来测试其性能与可靠性。

关于性能与BMS软件的关系，我们可以列举出这样的一些例子：在开发BMS硬件之前，我们往往需要确定电压采集的精度，然而，这个精度的确定需要根据电池本身的特性来进行。与$Li(NiCoMn)O_2$三元电池相比，$LiFePO_4$电池的EMF曲线明显要平缓得多，对于$Li(NiCoMn)O_2$三元电池来说，1%的SoC，大致为5mV，而LFP电池1%的SoC对应1mV。对于相同的SoC估算精度要求，管理$LiFePO_4$电池的BMS的电压传感器精度至少要是$Li(NiCoMn)O_2$三元电池的5倍［即$LiFePO_4$电池的BMS的电压传感器的容许误差范围为$Li(NiCoMn)O_2$三元电池的BMS的20%］。

作为另外一个例子，我们可以关注电池的均衡控制策略，这属于软件的范畴。事实上，在进行BMS均衡功能测试的时候，必须要将其管理对象，即电池组与BMS组合在一起进行测试，才能得到均衡的效果。具体可以参考本书的第5章。

1.2 电池建模在BMS开发过程中的核心地位

从以上分析可知，BMS开发的边界，需要兼顾整个汽车系统的电气功能需求，需要参与电池包的力学、热学设计，也需要对动力电芯的特性进行全面而深入的了解。而对动力电芯特性深入了解的一个标志，就是基于对电池与电池组的测试而得到的电池模型。

从图1-2可见，动力电池建模问题处于BMS的基础理论部分，它能体现BMS设计者对于电池性能、劣化特性的认识和理解，并为其他电池管理功能（如剩余电量估算、电池均衡、充放电控制等环节）提供依据。主要表现为：第一，精确的电池模型是SoC估算的前提；第二，电池模型是电池均衡控制策略的基础，有助于避免"不均衡还好，一旦开启均衡反而伤害了电池"的情况；第三，有利于先进的电池充放电控制方法的制订。

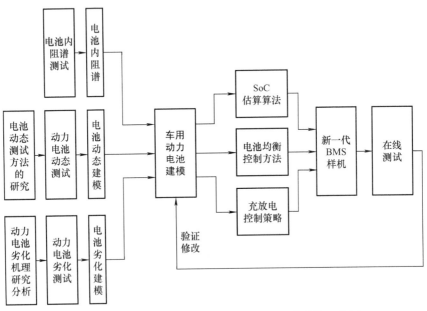

图1-2　动力电池建模工作在汽车BMS开发中的核心位置

一般地，为动力电池建模，需要解决的具体问题如下。

1. 动力电池动态工作特性建模

由于电动汽车工作状况的多变性以及不确定性，车用动力电池的动态特性成为BMS需要考虑的重要因素之一，我们可以使用等效电路模型来描述电池的动态工作特性，包括电池电动势滞回特性、电池开路电压回弹特性、电池温度动态特性等。模型建立过程中将考虑以下重要问题：

第一，电池的工作历史对电池当前状态的影响。

第二，电池的工作温度对电池性能的影响。

第三，电池模型的实用性分析，即所建立的动力电池模型在实现过程中的运算复杂度问题，以便为 BMS 主芯片的选型提供依据。

2. 动力电池劣化机理研究及建模

"电池劣化"，是电池性能衰减的同义词。如果负责开发 BMS 的人，对于电池的老化、衰减机理不清楚，则 BMS 的软件不能适应电池性能的衰减变化。对动力电池进行劣化建模，需要通过大量的样本及实验数据，细致探寻造成动力电池性能衰减的主要因素，如温度、充放电倍率、充放电深度等，并用数学方法对各类因素的劣化作用进行定量描述。

3. 电池模型参数的实时修正问题

由于动力电池的工作是动态变化的，电池的劣化也在工作过程中不断发生，因此需要对动力电池模型的参数进行实时修正。一般地，比较常见的方法是通过卡尔曼滤波器对电池模型的参数进行实时修正。

然而，动力电池建模的工作，离不开对电芯、电池组的测试。下一章我们将重点讨论电池测试的问题。

第2章 动力电池测试

电池测试、电池建模是 BMS 研发的基础。对动力电池进行测试，有助于分析动力电池特性及规律，实现动力电池建模与电池状态估计，从而有助于研发出高性能、高可靠性的 BMS。一方面，电池的实际容量、直流等效内阻、开路电压特性等重要特性参数需要通过特性测试进行标定；另一方面，电池的劣化规律也要通过各种测试作为预测的依据。本章面向目前在电动汽车上广泛使用的 $LiFePO_4$ 电池与 $Li(NiCoMn)O_2$ 三元电池，介绍动力电池的特性测试、劣化测试方案，分析对比相应的测试结果，从而为 BMS 的研究与开发提供参考。

2.1 动力电池特性测试

2.1.1 测试安排

作为 BMS 的开发者，一般在获得一款新的动力电池的样品后，需要对该电池样品进行特性测试，以便获取足够的参数。较为完整的特性测试可以参照表 2-1 的安排。测试项目主要包括电池容量、平衡电势曲线、等效内阻曲线三个项目。为了获得某个型号动力电池在不同温度条件下的特性规律，选取测试环境温度为 -10~40℃，每隔10℃采集一套数据。事实上，特性测试的温度范围应基本覆盖该动力电池实际工作的温度区间，本节所提到的 -10~40℃只针对某个型号电池的特定应用场合，在实际工作中可以根据不同的实际应用场景选定测试所要覆盖的温度区间。特性测试的具体步骤，在笔者的第一本书《电动汽车动力电池管理系统设计》[1]中有详细介绍，在此不再赘述。本节重点展示测试结果并分析电池的特性规律。由于目前工程上应用最广泛的电池主要为 $LiFePO_4$ 与 $Li(NiCoMn)O_2$ 两类，为此，我们对两种材料的电池都进行了测试，具体样本参数见表 2-2、表 2-3。

表 2-1 动力电池特性测试方案

> 测试项目：电池容量、平衡电势曲线、等效内阻曲线
> 测试环境温度：-10℃、0℃、10℃、20℃、30℃、40℃
> 测试步骤：详见《电动汽车动力电池管理系统设计》[1]的第 4 章
> 测试样本类型：$LiFePO_4$、$Li(NiCoMn)O_2$
> 测试样本参数：详见表 2-2、表 2-3

表2-2 待测 $LiFePO_4$ 动力电池样本参数

电池类型	额定容量	额定电压	充电截止电压	放电截止电压	样本安排
$LiFePO_4$	15Ah	3.2V	3.7V	2.2V	A1、A2

表2-3 待测 $Li(NiCoMn)O_2$ 动力电池样本参数

电池类型	额定容量	额定电压	充电截止电压	放电截止电压	样本安排
$Li(NiCoMn)O_2$	32Ah	3.7V	4.2V	2.5V	B1、B2

为便于区分,本章将相关的 $LiFePO_4$ 电芯测试样本用字母 A 加阿拉伯数字编号表示,而 $Li(NiCoMn)O_2$ 三元电芯测试样本用字母 B 加阿拉伯数字编号表示,所涉及的测试包括本章进行的特性测试、劣化测试。同时,为避免电池产品一致性差及测试设备误差导致的测试结果不可靠的情况,对于某个测试项目,常常安排两个独立的电芯样本分别进行测试。

值得一提的是,为保证数据准确性,排除新电池活化不充分与测试设备误差等因素影响,一般在容量测试时,对电芯样本进行多次循环充放,若连续3次循环中容量偏差不大于2%,则取最后3次测试结果的平均值作为测试结果。为保证数据稳定性,在平衡电势及等效内阻测试时,每次充放电后对电池搁置2h,保证有足够时间等待被测电池内部化学反应完成并稳定下来,避免前后测试间相互影响。

2.1.2 $LiFePO_4$ 电池特性测试结果

根据2.1.1节的测试安排,本节对 $LiFePO_4$ 电池的特性测试结果进行分析,总结出 $LiFePO_4$ 电池在不同温度下的容量、平衡电势曲线以及等效内阻曲线的一般规律。

1. 容量测试

$LiFePO_4$ 电池在不同温度下的容量如图2-1所示,其中图2-1a为绝对容量,即电池在不同温度下的充放电容量测试结果;图2-1b为相对容量,即电池在不同温度下的容量测试结果与厂家标称的额定容量的比值。由图中可见,$LiFePO_4$ 电池的可用容量随温度降低而减小。然而,相对而言,电池在20~40℃区间内,容量随温度减小的趋势不明显,在20℃以下,电池实际容量随温度降低而减小的趋势明显。

具体来说,被测的额定容量为15Ah的电池在40℃下绝对容量为16.36Ah,相对容量为109.07%,而在-10℃条件下,电池绝对容量为10.67Ah,相对容量为71.13%。上述结果意味着对于 $LiFePO_4$ 电池而言,在-10℃条件下(如冬季使用场景)的可用电量比40℃条件下(如夏季使用场景)下降接近40%。

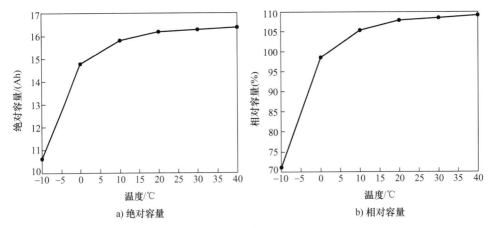

a) 绝对容量　　　　　　　　　b) 相对容量

图 2-1　LiFePO$_4$动力电池在不同温度下的绝对容量与相对容量

同时，从图 2-1 可知，容量随温度降低呈加速下降趋势，10℃ 等温差间隔下，-10℃ 与 0℃ 之间的下降最为明显，相对容量差值约为 27.41%。上述结果表明低温条件下电池的可用电量显著降低，但如果电池在低温下工作时配备一定的热管理措施，使电池工作在 10℃ 以上，电池的可用电量将增多。

2. 充放电平衡电势测试

所测 LiFePO$_4$ 电池样本在不同温度下的充放电平衡电势如图 2-2 所示。如果从 SoC = 0 到 SoC = 100% 的整个区间来看，似乎不同温度下平衡电势的差异并不明显，因此有必要对不同的 SoC 区段进行局部放大，如图 2-3 和图 2-4 所示。其中，图 2-3 为电池的充电平衡电势对比，是对图 2-2a 的局部放大分析；图 2-4 为放电平衡电势对比，是对图 2-2b 的局部放大分析。

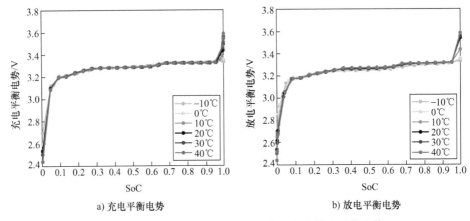

a) 充电平衡电势　　　　　　　　　b) 放电平衡电势

图 2-2　LiFePO$_4$动力电池在不同温度下的充放电平衡电势

（1）不同温度条件下，LiFePO₄电池充电平衡电势对比分析

如图 2-3 所示，为便于分析电池在不同温度下平衡电势的差异，将按横轴（SoC 取值）分为 [0，10%)、[10%，90%]、(90%，100%] 三个区间，分别进行对比。

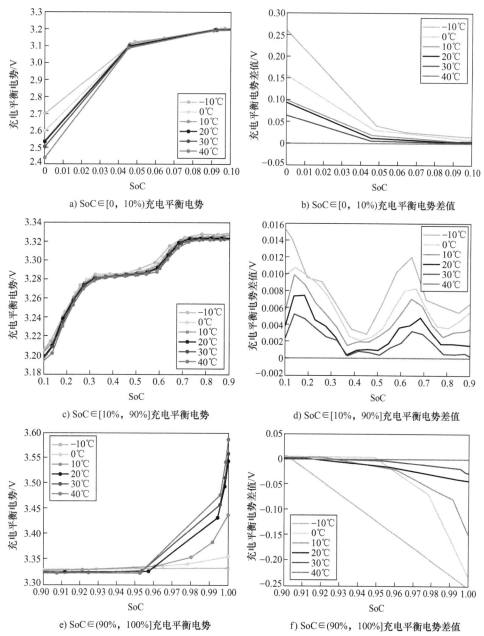

图 2-3　在不同温度下 LiFePO₄ 动力电池在不同 SoC 区间下的充电平衡电势对比

其中，图2-3a、c、e分别为$LiFePO_4$电池在三个区间下的平衡电势绝对值，可以看作是对图2-2的局部放大；而图2-3b、d、f分别为以40℃数据为基准的相对差值，据此可以直观反映不同温度对平衡电势值的影响。

从图2-3可知，$LiFePO_4$电池的充电平衡电势呈现如下规律：

第一，结合图2-3a～d，在$SoC \in [0, 90\%]$的区间，低温的充电平衡电势基本高于高温的充电平衡电势；

第二，与第一条相反，结合图2-3e～f，在$SoC \in (90\%, 100\%]$的区间，低温的充电平衡电势基本低于高温的充电平衡电势；

第三，在SoC区间的头尾两端，平衡电势之间的差异随着SoC逐渐趋于0或100%而增大。

（2）不同温度条件下，$LiFePO_4$电池放电平衡电势对比分析

与图2-3类似，电池在不同SoC区间下的放电平衡电势如图2-4所示。从图中可知，$LiFePO_4$电池的放电平衡电势呈现如下规律：

第一，结合图2-4a～b，在$SoC \in [0, 10\%)$的区间，低温的放电平衡电势基本高于高温的放电平衡电势；

第二，与第一条相反，结合图2-4c～f，在$SoC \in [10\%, 100\%]$的区间，低温的放电平衡电势基本低于高温的放电平衡电势；

第三，在SoC区间的头尾两端，平衡电势之间的差异随着SoC逐渐趋于0或100%而增大。

从上述讨论可知，$LiFePO_4$电池的充电平衡电势与放电平衡电势在$SoC \in [0, 10\%)$和$SoC \in (90\%, 100\%]$两个区间下的规律基本一致，即温度越低，平衡电势的变化越"平缓"。比如，如图2-4e所示，40℃环境下，SoC=100%时对应的平衡电势为3.587V，SoC=90%时对应的平衡电势为3.319V，两者相差268mV，而在-10℃环境下，相应的平衡电势差值只有26mV。

$LiFePO_4$电池的充放电平衡电势的差异主要体现在$SoC \in [10\%, 90\%]$区间。为直观展示温度的影响，这里取-10℃与40℃的数据，对这两个温度条件下，[10%, 90%]区间的充放电平衡电势进行对比，如图2-5所示。

由图2-5可知，对于充电平衡电势，-10℃的平衡电势比40℃的高；相反地，对于放电平衡电势，40℃的平衡电势比-10℃的高。这意味着温度越低，$LiFePO_4$电池的滞回效应越明显，充放电差异也越大。

从上述分析可知，温度对$LiFePO_4$电池平衡电势的影响，在不同SoC区间里表现不尽相同，所呈现的规律以及具体差值都存在差异。在工程上，BMS开发人员更关心的是温度对电池状态估计精度的影响，例如：

1）如果忽略温度的差异，所有温度下都只查一个平衡电势表，会造成多大的SoC估算误差？

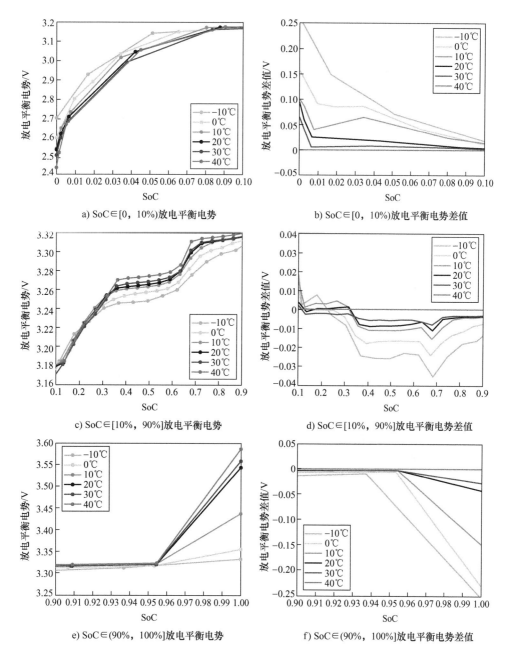

图 2-4　LiFePO$_4$动力电池在不同温度和不同 SoC 区间下的放电平衡电势对比

2）如果前期测试样本不足，只有 40℃的测试数据，在实际温度为 30℃时只能查 40℃的表，又会引起多大的估算误差？

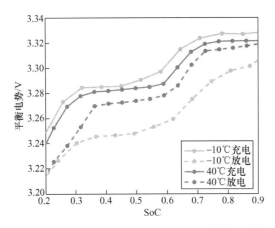

图 2-5　LiFePO₄ 动力电池在 -10℃ 与 40℃ 下的充放电平衡电势对比

为此，以充电过程为例（事实上，放电过程也有类似的结果），这里对图 2-3 的规律进行整理，得到表 2-4。表中，对于不同的实际 SoC 区间来说，左边一栏为"以 40℃ 为基准，比较相同 SoC 的情况下不同温度之间的平衡电势差"；右边一栏为"当只有一个温度（40℃）的测试数据时，通过查表法估算 SoC 可能造成的误差"。

表 2-4　LiFePO₄ 动力电池因测试数据不充分造成的 SoC 估算误差

温度	SoC ∈ [0,10%)		SoC ∈ [10%,90%]		SoC ∈ (90%,100%]	
	最大差值/mV	参考 SoC 误差（%）	最大差值/mV	参考 SoC 误差（%）	最大差值/mV	参考 SoC 误差（%）
-10℃	260.83	1.83	35.35	31.96	-254.26	4.85
0℃	156.92	1.12	24.18	26.18	-231.63	3.96
10℃	10.02	0.71	15.52	15.93	-149.16	2.52
20℃	9.43	0.68	11.02	9.86	-42.88	1.01
30℃	6.48	0.47	7.98	8.54	-27.94	0.67
40℃	0	0	0	0	0	0

从表 2-4 可知，温度对 LiFePO₄ 电池平衡电势的影响主要体现在 SoC ∈ [10%,90%] 区间，即工程上常说的 LiFePO₄ 电池的"平台区"。由于该区段内电池平衡电势随 SoC 的变化较缓慢，因此微小的电势差异都可能导致较大的 SoC 估算误差。从表中可知，在实际温度为 30℃ 的情况下，若通过 40℃ 下的数据进行查表，可能导致 8.54% 的 SoC 估算误差。若忽略温度影响，在实际温度 -10℃ 下查询 40℃ 的表，则可能导致 31.96% 的 SoC 估算误差。

当然，表 2-4 是以 40℃的测试数据作为基准的情况。如果以 20℃的数据作为基准，在实际温度 -10℃下查询 20℃的表，可能造成的误差会小一些，但在实际温度高于 20℃的时候，又会造成最大为 10% 左右的 SoC 估算误差。由此可见，在不同温度下对电池进行测试，充分获取电池在不同工作环境下的特性参数，是非常必要的。

3. 直流等效内阻测试

根据前面所述的测试安排以及测试步骤，得到 LiFePO$_4$ 电池在不同温度下的直流等效内阻如图 2-6 所示，其中图 2-6a 为充电等效内阻，图 2-6b 为放电等效内阻。根据等效内阻的测试步骤，在接近充满或放空状态时，若未经过足够的充放电时间即已达到截止电压，将导致等效内阻值偏小，不能作为内阻的真实反映，因此这里只考虑等效内阻的有效范围。

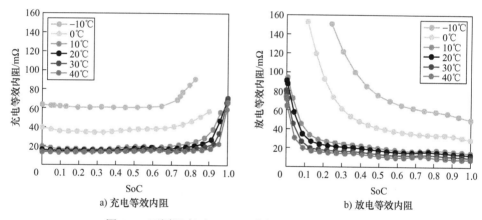

图 2-6 不同温度下 LiFePO$_4$ 动力电池的直流等效内阻

从横坐标方向分析，LiFePO$_4$ 电池的充电等效内阻与放电等效内阻相比，具有相反的增长趋势：

1）在相同的测试温度条件下，充电等效内阻随 SoC 增大而增大。在 SoC $\in$ [0, 90%] 区间内增长较缓慢；而在 SoC $\in$ (90%, 100%] 区间内迅速增大。

2）与充电等效内阻相反，放电等效内阻随 SoC 减小而增大。在 SoC $\in$ [0, 10%) 区间内增长速度最快。

3）相同温度下，等效内阻的最大值均出现在电池的充满状态或放空状态，其中放电内阻的最大值均高于充电内阻的最大值。

从纵坐标方向分析，LiFePO$_4$ 电池的直流等效内阻随温度降低而增大，且增长速度随温度进一步降低而加快。为直观分析温度对 LiFePO$_4$ 电池直流等效内阻的影响，以 SoC = {10%, 50%, 80%} 下的充电等效内阻、SoC = {20%, 50%, 90%} 下的放电等效内阻为例,对电池直流等效内阻的温度特性进行分析,如图2-7所示。这样选取SoC的样本点的原因在于:从图2-6可知,充电等效内阻随着SoC增大而增大,10%、50%、80%分别对应于SoC的低、中、高水平,可以反映不同的SoC水平下直流等效内阻与温度的相关规律。若选取SoC=90%的情况作为高SoC水平样本,则在某些低温环境下(如-10℃)无法获取有效样本点。相反地,放电等效内阻随SoC的减小而增大,趋势恰好与放电的测试过程相反,因此为保证样本点获取完整,这里选取与充电过程对称的SoC点作为样本,即20%、50%、90%。

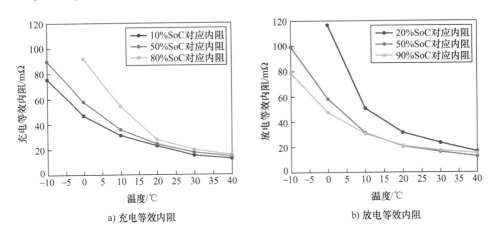

a) 充电等效内阻　　　　　　　b) 放电等效内阻

图2-7　LiFePO$_4$动力电池等效内阻的温度特性

对比图2-7a、b可知,无论SoC处于较高、较低或者中等水平,LiFePO$_4$电池等效内阻关于温度的变化趋势基本一致。此外,从图中可知,SoC=10%时的充电等效内阻与SoC=90%时的放电等效内阻的规律相似;SoC=50%时的充电等效内阻与SoC=50%时的放电等效内阻的规律相似;SoC=80%时的充电等效内阻与SoC=20%时的放电等效内阻的规律相似。

对于研究BMS的工程师而言,如果能对温度与内阻之间的关系进行建模,获得相应的函数模型,则可以通过所获得的模型,利用局部测试数据来估算该动力电池在不同温度下的直流等效内阻值。

根据图2-6、图2-7的测试结果,我们将对测试数据进行函数拟合。通过进一步观察可以发现,随着温度的变化,电池的直流等效内阻值大致符合指数函数或幂函数形式变化。这里选取指数函数$f1(x)=ae^{bx}+ce^{dx}$和幂函数$f2(x)=p(x+q)^s+t$分别对实验数据进行拟合,通过比较拟合误差来确定哪种函数的形式更贴切。其中,函数输入x为温度,输出f为等效内阻,a、b、c、d、p、q、s、t为函数待定参数。拟合结果见表2-5、表2-6。

表2-5 两种函数的充电等效内阻曲线拟合结果

SoC	$f1(x)=ae^{bx}+ce^{dx}$				$f2(x)=p(x+q)^s+t$			
	a	b	c	d	p	q	s	t
80%	3.646	-0.160	42.585	-0.032	5.593e+04	28.754	-1.897	-3.820
50%	38.598	-0.064	17.995	-0.012	1.1164e+04	38.996	-1.386	-13.370
10%	88.217	-00.062	2.729	0.028	858.752	26.282	-0.784	-19.961

表2-6 两种函数的放电等效内阻曲线拟合结果

SoC	$f1'(x)=ae^{bx}+ce^{dx}$				$f2'(x)=p(x+q)^s+t$			
	a	b	c	d	p	q	s	t
90%	25.550	-0.077	20.380	-9.704e-3	9.963e+05	43.980	-2.513	2.647
50%	43.230	-0.074	12.030	-2.532e-3	4.603e+05	34.240	-2.386	1.551e-09
20%	52.170	-0.214	64.380	-33.690e-3	1780e+04	1.770	-1.173	1.137e-07

表2-5、表2-6分别列出了充电等效内阻与放电等效内阻,在两种不同函数形式下的拟合结果与具体参数取值。为了直观对比两种函数的拟合效果,统计相关系数与最大相对误差,见表2-7、表2-8。

表2-7 两种函数的充电等效内阻曲线拟合效果对比

SoC	$f1(x)=ae^{bx}+ce^{dx}$		$f2(x)=p(x+q)^s+t$	
	相关系数R^2	最大相对误差(%)	相关系数R^2	最大相对误差(%)
80%	0.9939	8.4177	0.9933	11.4086
50%	0.9984	4.0904	0.9979	12.0845
10%	0.9991	8.1193	0.9990	6.3311

表2-8 两种函数的放电等效内阻曲线拟合效果对比

SoC	$f1'(x)=ae^{bx}+ce^{dx}$		$f2'(x)=p(x+q)^s+t$	
	相关系数R^2	最大相对误差(%)	相关系数R^2	最大相对误差(%)
90%	0.9990	3.7105	0.9986	10.8704
50%	0.9981	6.5908	0.9988	8.0170
20%	0.9984	6.1718	0.9980	8.1439

从表2-7、表2-8数据可知,两种函数都可以表征直流等效内阻与温度的关系,其中二阶指数型函数拟合效果更优。这是由两种函数的形态特征决定的。当s取负值时,存在垂直渐近线$x=-q$,使得幂函数形式更适合于具有垂直上升趋势的曲线。从测试数据可知,$LiFePO_4$电池的等效内阻随温度降低迅速增加,但并未呈现

明显的垂直上升形态，因此使用指数型函数可以取得更好的效果。

通过上述分析可知，不同温度下的内阻值可通过特定的指数型函数进行估算，据此估算电池的功率特性及发热情况，在实际应用中对 SoF、SoP 的估算以及热管理都具有重要意义。

2.1.3 Li(NiCoMn)O₂三元电池特性测试结果

在2.1.2节，我们讨论了LiFePO₄电池的特性测试结果。根据2.1.1节的安排，本节结合 Li(NiCoMn)O₂三元电池的特性测试结果，分析 Li(NiCoMn)O₂三元电池的充放电容量、平衡电势曲线以及直流等效内阻曲线的规律。

1. 容量测试

某 Li(NiCoMn)O₂三元电池样本在不同温度下的容量如图2-8所示，其中图2-8a为绝对容量，根据电池实际充放电量获得，图2-8b为相对容量，根据电池实际充放电量与额定容量之比获得，从相对容量曲线可以直观地显示电池容量随温度的衰减情况。

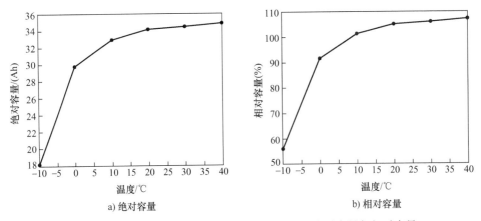

a) 绝对容量　　　　　　　　　　　b) 相对容量

图 2-8　Li(NiCoMn)O₂动力电池在不同温度下的绝对容量与相对容量

从图2-8可知，与LiFePO₄电池类似，Li(NiCoMn)O₂三元电池容量整体上随温度降低而减小，电池在20～40℃区间具有较好的容量保持率，从10℃开始随温度降低而加速衰减。具体而言，所测样本在40℃下绝对容量为34.85Ah，相对容量为107.23%；而在 -10℃条件下，电池绝对容量为18.17Ah，相对容量为55.90%。

对所测样本而言，Li(NiCoMn)O₂三元电池容量随温度的下降规律与LiFePO₄电池样本大致相似，在低温区间的下降速度明显，例如，在 -10℃环境下比在0℃环境下，相对容量相差约为35.74%。

2. 充放电平衡电势测试

某 Li(NiCoMn)O₂ 三元电池在不同温度下的充放电平衡电势如图 2-9 所示，其中图 2-9a 为充电平衡电势，图 2-9b 为放电平衡电势。由于全 SoC 区间内的电压范围跨度较大，不能有效反映不同温度下的平衡电势差异，因此以 40℃ 为基准，对比不同温度下的平衡电势相对差值，如图 2-10 所示。在本次测试中，与 2.1.2 节 LiFePO₄ 电池测试结果不同，Li(NiCoMn)O₂ 三元电池的平衡电势在不同区间表现的规律相对一致，因此这里对整个 SoC 区间进行分析。

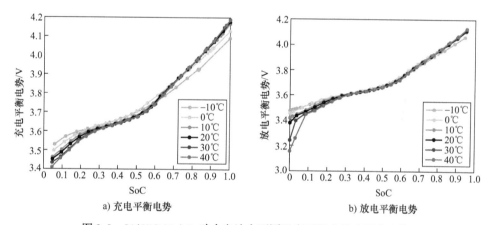

图 2-9 Li(NiCoMn)O₂ 动力电池在不同温度下的充放电平衡电势

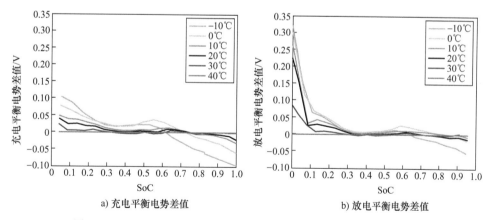

图 2-10 Li(NiCoMn)O₂ 动力电池在不同温度下的平衡电势差值对比

从图 2-9 可知，温度对 Li(NiCoMn)O₂ 三元电池的平衡电势曲线形态具有一定影响。从整体上看，随着温度降低，平衡电势曲线整体绕某个中心点呈顺时针旋转趋势。

该现象也可以通过图 2-10 进行分析，在较低 SoC 区间，随着温度降低，其他温度对 40℃下的平衡电势表现为正误差，而在较高 SoC 区间表现为负误差。

对于充电与放电平衡电势，相同温度下的误差极值都大致在 SoC 为 0 与 SoC 为 100% 两端出现。不同的是，对于充电平衡电势，正负极值误差大致相等，如 -10℃下 SoC 为 0 时候的平衡电势与 40℃下的差值为 106.32mV，而在 SoC 为 100% 时候的差值则为 -97.08mV。而对于放电平衡电势，SoC 为 0 处的正误差明显大于 SoC 为 100% 处的负误差，如 -10℃下 SoC 为 0 时候的放电平衡电势与 40℃下的差值为 317.15mV，而在 SoC 为 100% 时候的差值则为 -52.78mV。

为进一步分析不同温度下，平衡电势差异对电池管理精度造成的影响，参考 2.1.2 节的分析过程，统计不同温度下的平衡电势误差极值及其可能带来的 SoC 误差，见表 2-9。

表 2-9 Li(NiCoMn)O_2 动力电池因测试数据不充分造成的 SoC 估算误差

温度	SoC ∈ [0,30%)		SoC ∈ [30%,70%]		SoC ∈ (70%,100%]	
	最大差值/mV	参考 SoC 误差（%）	最大差值/mV	参考 SoC 误差（%）	最大差值/mV	参考 SoC 误差（%）
-10℃	371.15	12.54	22.31	8.94	97.08	7.56
0℃	298.21	8.06	37.59	6.76	59.77	5.52
10℃	259.78	4.85	13.31	3.83	30.98	2.85
20℃	222.23	3.97	9.90	2.87	21.64	2.21
30℃	85.82	2.45	5.05	1.66	1.42	1.63
40℃	0	0	0	0	0	0

对比表 2-4 与表 2-9 可知，温度对 Li(NiCoMn)O_2 三元电池的 SoC 估算误差影响相对较弱，且误差极值主要集中在 SoC 为 0 与 SoC 为 100% 两端，就本节测试样本而言，Li(NiCoMn)O_2 三元电池对温度的敏感程度较 LiFePO$_4$ 电池弱，这一特性使得对 Li(NiCoMn)O_2 三元电池进行 SoC 估算的难度相对小一些。

3. 直流等效内阻测试

某 Li(NiCoMn)O_2 三元电池样本在不同温度下的充放电直流等效内阻如图 2-11 所示，其中图 2-11a 为充电等效内阻，图 2-11b 为放电等效内阻。

从图 2-11 可知，从横轴方向看，Li(NiCoMn)O_2 三元电池的放电等效内阻规律（见图 2-11b）与 LiFePO$_4$ 电池类似，即随 SoC 减小而逐渐增大，在 SoC ∈ [0,10%] 区间出现陡增过程。然而，对于充电等效内阻的变化（见图 2-11a），Li(NiCoMn)O_2 三元电池并未在 SoC 较高的区间出现明显的增长，以 40℃最后一个测试点为例，该点所在 SoC 为 97.88%，已接近满充状态，但充电等效内阻与其他 SoC 水平下的内阻大致相同，该特点与 LiFePO$_4$ 电池具有明显差异。

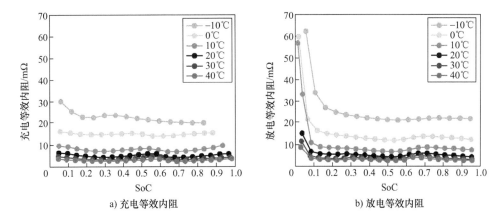

图 2-11 Li(NiCoMn)O$_2$ 动力电池在不同温度下的充放电等效内阻

从纵轴方向看，Li(NiCoMn)O$_2$ 三元电池内阻随温度降低而增大。以充电等效内阻为例，从 40℃ 开始，温度每降 10℃ 对应的内阻增加值分别为 0.991mΩ、1.633mΩ、3.467mΩ、6.438mΩ、13.891mΩ，随着温度降低，等效内阻值加速增长，使得充放电过程中的极化电压差增大，并提前到达充放电截止电压，从而可以解释容量测试中，低温下可用容量减小的原因，从容量与内阻角度考虑，电池工作温度应尽量控制在 20~40℃ 之间，以保持电池最佳性能状态。

2.1.4 两类动力电池特性对比

从 2.1.2 节与 2.1.3 节的特性测试结果可以看出，LiFePO$_4$ 电池和 Li(NiCoMn)$_2$ 三元电池的特性既存在共同点，也存在一定区别，这里对两种电池的共同特点与差异进行分析。

1. 相同点

（1）温度对于容量的影响

从两类电池的容量测试结果可知，LiFePO$_4$ 电池与 Li(NiCoMn)$_2$ 三元电池的实际容量均随温度降低而减小。其中，电池的实际容量在 20~40℃ 范围内变化较小，而在低温区间减少较快。从容量角度分析，两类电池的最佳工作温度都在 20~40℃ 范围内。

（2）平衡电势的变化趋势

无论是 LiFePO$_4$ 电池还是 Li(NiCoMn)$_2$ 三元电池，其平衡电势曲线都大致呈单调增趋势，即电池的平衡电势随 SoC 值的增加而增大。此外，在同等的温度和 SoC 下，充电平衡电势值比放电平衡电势值高，两者之间存在一定的差值。

（3）温度对平衡电势的影响

在 SoC 处于较低水平（SoC 为 0~10%）时，温度越低，电池平衡电势越高；相反地，在 SoC 处于较高水平（SoC 为 90%~100%）时，温度越低，电池平衡电势也越低。

（4）温度对直流等效内阻的影响

在同等的 SoC 下，环境温度越低，电池的直流等效内阻越大，且内阻的增长速度随温度降低而加快。

2. 不同点

（1）平衡电势曲线的变化趋势

$LiFePO_4$ 电池的平衡电势曲线在不同 SoC 区间内的变化趋势不同。在 SoC 处于中等水平（SoC 为 10%~90%）时，电池的平衡电势增长较缓慢，存在所谓的"平台区"；而在 SoC 处于较低水平（SoC 为 0~10%）和较高水平（SoC 为 90%~100%）时，电池的平衡电势变化较快。

相反地，$Li(NiCoMn)_2$ 三元电池的平衡电势曲线在不同 SoC 区间内的变化趋势基本一致，平衡电势与 SoC 之间大致呈线性关系。

（2）直流等效内阻曲线的变化趋势

$LiFePO_4$ 电池的直流等效内阻随 SoC 呈单调变化趋势，其中充电直流等效内阻随 SoC 增加而增大，放电直流等效内阻随 SoC 减小而增大。

$Li(NiCoMn)_2$ 三元电池的放电直流等效内阻规律与 $LiFePO_4$ 电池相似，即随 SoC 减小而增大，但充电直流等效内阻随 SoC 的变化趋势不明显，不同 SoC 水平下的充电直流等效内阻值基本一致。

（3）滞回特性

$LiFePO_4$ 电池和 $Li(NiCoMn)_2$ 三元电池都存在滞回电压现象，即充电和放电平衡电势曲线并不完全重合，两者之间存在一定的差异。但 $LiFePO_4$ 电池和 $Li(NiCoMn)_2$ 三元电池滞回特性的具体表现不尽相同。

这里分别展示 $LiFePO_4$ 电池和 $Li(NiCoMn)_2$ 三元电池在不同温度下，充放电平衡电势之间的滞回差值，如图 2-12、图 2-13 所示。

从图 2-12 可知，$LiFePO_4$ 电池的滞回差值随温度变化有较明显的分层，即温度越低，充放电平衡电势之间的差值越大。然而，从图 2-13 可知，$Li(NiCoMn)O_2$ 三元电池的充放电平衡电势差值变化不明显，尤其是温度在 10℃ 以上时，电池的充放电平衡电势之间的滞回差值基本一致。

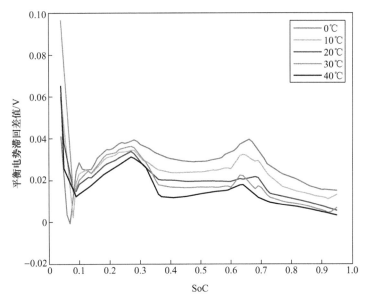

图 2-12 LiFePO$_4$动力电池充放电平衡电势滞回差值

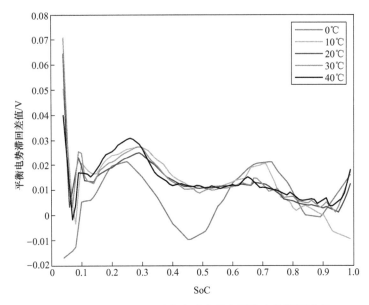

图 2-13 Li(NiCoMn)$_2$动力电池充放电平衡电势滞回差值

2.1.5 动力电池的电压回弹特性

作为特性测试结果的副产品,我们在这里讨论一下动力电池的电压回弹特性。事实上,在《电动汽车动力电池管理系统设计》[1]的 6.4 节中,为了得到电池的等效阻抗模型，笔者对动力电压回弹特性（有时候也被称作超电势特性）进行过讨论，并得到初步的结论：LiFePO₄电池在停止充、放电后都存在电压回弹特性，该特性符合三阶等效电路模型，即可用三阶指数函数拟合，如下：

$$y = \text{OCV} - b_1 e^{-\tau_1 t} - b_2 e^{-\tau_2 t} - b_3 e^{-\tau_3 t} \tag{2-1}$$

式中，y 为电池端电压；OCV 为电池的开路电压；b_1、b_2、b_3、τ_1、τ_2、τ_3 为待定的模型参数；t 为电池搁置时间。

利用不同的 LiFePO₄ 电池特性测试的数据，我们对以上规律进行了反复的验证，发现式（2-1）仍然成立。表 2-10 就是其中一组测试数据的拟合结果。

从表 2-10 可知，对于充电回弹曲线，拟合所得的方均根误差（RMSE）都在 1mV 以内。对于放电回弹曲线，除了 SoC = {0.910, 0.995, 1.000} 下的个别样本，其余大部分样本都取得较好的拟合效果。相关结果表明，在不同 SoC 水平下，LiFePO₄ 电池的回弹曲线都取得较好的拟合效果，LiFePO₄ 电池的回弹特性基本满足式（2-1）所描述的规律。

表 2-10 LiFePO₄ 电池的回弹曲线拟合结果

LiFePO₄ 充电回弹曲线拟合			LiFePO₄ 放电回弹曲线拟合		
SoC	最大误差/mV	RMSE/mV	SoC	最大误差/mV	RMSE/mV
0.091	0.551	0.115	0.091	0.995	0.681
0.181	0.609	0.113	0.182	2.696	0.815
0.272	0.850	0.179	0.273	1.844	0.807
0.363	0.930	0.166	0.364	1.465	0.719
0.454	1.146	0.146	0.455	1.461	0.660
0.544	1.367	0.135	0.546	1.634	0.866
0.635	1.380	0.466	0.637	1.972	0.950
0.726	0.514	0.112	0.728	2.007	0.874
0.817	1.008	0.201	0.819	1.650	0.859
0.908	1.039	0.198	0.910	2.099	1.073
0.996	7.242	0.986	0.995	11.325	13.610
1.000	2.579	0.243	1.000	6.276	4.983

然而，细心的读者可能会存在以下的疑问：式（2-1）虽然对 LiFePO₄ 电池是成立的，但该规律是否对 Li(NiCoMn)O₂ 三元电池仍然成立？

结合笔者近年来对三元电池的测试结果，该电压回弹规律仍然是成立的。表 2-11 就是其中一组三元电池特性测试数据的拟合结果。从表 2-11 可知，与 LiFePO₄ 电池相似，Li(NiCoMn)O₂ 三元电池的回弹特性也可以通过式（2-1）来描述，拟合所得的 RMSE 基本都在 1mV 以内。

表 2-11 Li(NiCoMn)O$_2$ 三元电池的回弹曲线拟合结果

Li(NiCoMn)O$_2$ 充电回弹曲线拟合			Li(NiCoMn)O$_2$ 放电回弹曲线拟合		
SoC	最大误差/mV	RMSE/mV	SoC	最大误差/mV	RMSE/mV
0.088	1.080	0.427	0.088	1.510	0.451
0.176	0.497	0.117	0.176	1.950	0.623
0.264	0.490	0.116	0.265	1.981	0.750
0.351	0.697	0.126	0.353	1.438	0.729
0.439	0.590	0.124	0.441	1.418	0.692
0.527	0.648	0.127	0.529	1.736	0.580
0.615	0.839	0.158	0.618	1.958	0.714
0.703	0.557	0.152	0.706	1.554	0.573
0.791	0.557	0.117	0.794	1.624	0.613
0.879	0.801	0.124	0.882	1.666	0.701
0.967	3.615	0.398	0.971	6.799	4.030
1.000	1.682	0.192	1.000	7.539	4.214

2.2 动力电池劣化测试

本节选取了 4 种可能影响电池劣化的因素，包括电池倍率 C-rate、电池每次放电时的初始荷电状态 SoC$_{start}$、电池的放电深度 DoD 以及工作温度 T，通过测试分析不同因素对电池日历寿命与循环寿命的影响，并从容量和内阻两方面进行劣化规律的探讨。具体的日历及循环劣化测试步骤见《电动汽车动力电池管理系统设计》[1] 的第 4 章内容。

需要强调的是，正如笔者在《电池管理系统深度理论研究》[2] 的 3.1.3 节中所讨论的，我们并不赞成只用容量的衰减来表征电池的劣化，因此我们也不赞成用式 (2-2) 来表示电池劣化后的状态，SoH 强调的是电池的健康状态，而不是电池的容量衰减情况。

$$SoH = \frac{C_n}{C_0} \tag{2-2}$$

为了简洁起见，本节在讨论到劣化后的电池容量的时候，采用 C_n/C_0 的方式来表示劣化后的容量状态。其中 C_0 和 C_n 分别表示电池的初始评测容量以及经过 n 次循环之后当前电池的评测容量（具体的容量评测步骤，参见《电动汽车动力电池管理系统设计》[1] 的 4.2 节）。

2.2.1 动力电池劣化过程中的容量变化规律

1. LiFePO$_4$ 电池的容量衰减情况

表 2-12 是 LiFePO$_4$ 动力电池循环劣化测试的实验安排，通过控制变量法分别改

变电池倍率、初始荷电状态、放电深度以及工作温度，以探究在电池劣化过程中，不同因素对电池容量变化的影响。

表 2-12 LiFePO$_4$ 动力电池循环测试安排

电池编号	$T/℃$	C-rate	SoC$_{start}$	DoD
A101	20	1C	100%	80%
A102	20	1C	100%	30%
A103	20	0.5C	100%	80%
A104	20	0.5C	100%	30%
A105	20	0.5C	100%	80%
A106	20	0.5C	100%	30%
A107	20	1C	80%	60%
A108	20	1C	60%	60%
A109	20	0.5C	65%	30%
A110	20	1C	65%	30%
A111	40	1C	66%	33%
A112	40	0.5C	33%	33%
A113	40	1C	66%	66%
A114	40	1C	100%	66%
A115	40	1C	80%	60%
A116	40	1C	65%	30%
A117	40	1C	100%	30%
A118	40	1C	30%	30%

图 2-14 展示的是 LiFePO$_4$ 动力电池测试样本在循环测试中容量衰减的情况。

容量衰减有多种表达形式，横坐标可以选择循环次数或累计放出安时数，纵坐标可以选择实际容量 C_n 或者循环劣化衰减后的容量与初始容量的比值 C_n/C_0。相比于循环次数，本书选择累计放电安时数 q 作为横坐标。这主要有两个优点：其一是由于不同的测试样本 SoC$_{start}$ 和 DoD 都有可能不同，导致相同测试时间下，对应的循环次数不统一，使用累计放电安时数更具可比性；其二是汽车的累计行驶里程主要由累计放电安时数决定，在实际应用中更具参考意义。相对于电池的实际容量，本节使用电池循环劣化衰减后的容量与初始容量的比值 C_n/C_0 作为纵坐标反映电池的劣化状态，使不同样本之间更有可比性。

(1) 其他条件相同时，不同的 C-rate 对容量衰减的影响

表 2-13 是探究 C-rate 对容量衰减的影响的测试安排表，C-rate 对容量衰减的影响如图 2-15 所示，样本容量衰减的趋势较为一致，0.5C 与 1C 的充放电倍率对于电池容量衰减的影响是基本相同的。

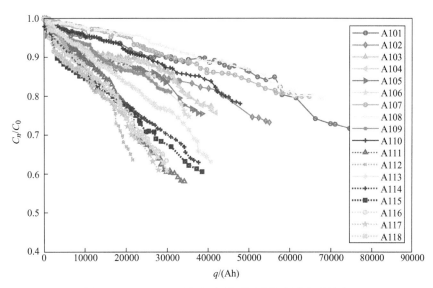

图 2-14　LiFePO$_4$ 动力电池循环测试的容量衰减情况

表 2-13　对比不同的 C-rate 对容量衰减影响的测试安排

实验变量	A102	A104
T	20℃	20℃
C-rate	0.5C	1C
SoC$_{start}$	100%	100%
DoD	30%	30%

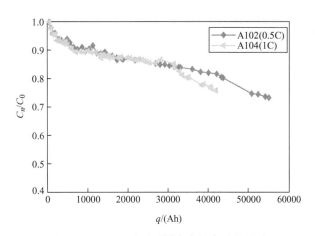

图 2-15　C-rate 对测试样本容量衰减的影响

(2) 其他条件相同时，不同的 SoC$_{start}$ 对容量衰减的影响

表 2-14 反映的是不同的 SoC$_{start}$ 对容量衰减的影响的测试安排表，其对容量衰

减的影响如图 2-16 所示，样本容量衰减的规律基本一致，不同的 SoC_{start} 对容量衰减的影响也基本相同。

表 2-14 对比不同的 SoC_{start} 对容量衰减影响的测试安排

实验变量	A116	A117	A118
T	40℃	40℃	40℃
C-rate	1C	1C	1C
SoC_{start}	100%	65%	30%
DoD	30%	30%	100%

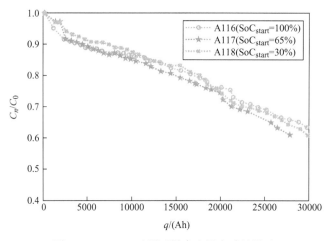

图 2-16 SoC_{start} 对测试样本容量衰减的影响

（3）其他条件相同时，不同 DoD 对动力电池容量衰减的影响

如表 2-15 所示的三个样本，除了 DoD 外，其他测试条件均相同。

表 2-15 对比不同的 DoD 对容量衰减影响的测试安排

实验变量	A114	A117
T	40℃	40℃
C-rate	1C	1C
SoC_{start}	100%	100%
DoD	66%	30%

DoD 对测试样本容量衰减的影响如图 2-17 所示，三个样本的衰减曲线的形态是基本一致的，表明样本容量衰减速率基本相同。

（4）其他条件相同时，不同温度 T 对容量衰减的影响

表 2-16 所示的 4 个样本可分为 2 组，分别在 C-rate、SoC_{start} 和 DoD 相同时，对比温度 T 对测试样本容量衰减的影响。从图 2-18 可以看出，40℃测试样本的容量衰减速率要显著高于 20℃的样本。本节对 4 个样本的测试数据进行了线性拟合，

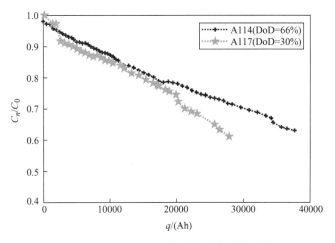

图 2-17 DoD 对测试样本容量衰减的影响

以拟合斜率 k 表示容量衰减的速率。从表 2-17 可以看出,在本次测试中,40℃下电池样本 k 的绝对值大约为 20℃工作条件下的 2.5 倍。

表 2-16 为考察温度（T）对容量衰减影响的测试安排

影响因素	A107	A110	A115	A116
T	20℃	20℃	40℃	40℃
C-rate	1C	1C	1C	1C
SoC_{start}	80%	65%	80%	65%
DoD	60%	30%	60%	30%

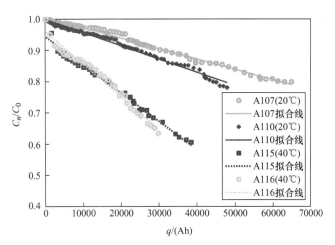

图 2-18 T 对测试样本容量衰减的影响

表 2-17　测试数据线性拟合表

拟合斜率	A107	A110	A115	A116
k (10^{-6})	-3.275	-4.251	-9.121	-10.512

2. Li(NiCoMn)O_2 三元电池的容量衰减情况

由于测试时间和设备的限制，在对 Li(NiCoMn)O_2 三元电池样本的测试条件进行设计时，参考了 LiFePO$_4$ 电池在循环测试中反映出的容量衰减规律和特点，有针对性地选择了可能影响电池容量衰减的实验条件，尽可能准确完整地反映 Li(NiCoMn)O_2 三元电池的容量衰减规律。

如表 2-18 所示，6 个测试样本分别对比了 C-rate、SoC_{start} 和 DoD 对 Li(NiCoMn)O_2 三元电池容量衰减的影响，其中，B101 和 B102 样本用于对比 C-rate 对容量衰减的影响，B102、B103、B104 样本用于对比 SoC_{start} 对容量衰减的影响，B101、B105、B106 样本用于对比 DoD 对容量衰减的影响。

表 2-18　对比 C-rate、SoC_{start} 和 DoD 对容量衰减影响的测试安排

影响因素	B101	B102	B103	B104	B105	B106
T	40℃	40℃	40℃	40℃	40℃	40℃
C-rate	1C	0.5C	0.5C	0.5C	1C	1C
SoC_{start}	100%	100%	67%	33%	100%	100%
DoD	33%	33%	33%	33%	100%	67%

图 2-19 对比了 C-rate 对测试样本容量衰减的影响，可以看出，0.5C 与 1C 的充放电倍率对于电池容量衰减的影响是基本相同的。图 2-20 则反映了 DoD 对样本容量衰减的影响，可以发现，DoD 为 33% 的 B101 样本的容量衰减速率明显大于另

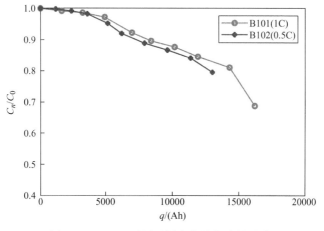

图 2-19　C-rate 对测试样本容量衰减的影响

外 2 个样本,这是由于在累计放电安时数相同的情况下,该样本的循环次数是 B105 的 3 倍、B106 的 2 倍。可见,对于该型号的 Li(NiCoMn)O_2 三元电池而言,循环次数的差异导致了电池劣化程度的不同,循环次数更多的电池,容量衰减速率更快。

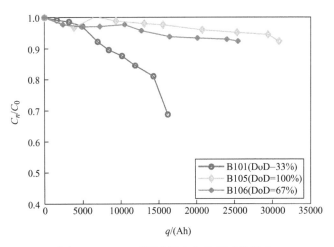

图 2-20　DoD 对测试样本容量衰减的影响

图 2-21 表现的是 SoC_{start} 对样本容量衰减速率的影响,可以发现,SoC 为 33% 的样本容量衰减速率明显高于其他测试样本,这表明长期在低电量下工作会使 Li(NiCoMn)O_2 三元电池的容量衰减加快,电池的循环寿命也较短。

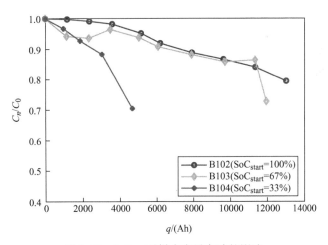

图 2-21　SoC_{start} 对样本容量衰减的影响

从本节对动力电池容量衰减规律的分析中可以看出,两种动力电池的测试样本在循环测试中的容量衰减都近似线性,在循环测试中,不同的测试条件对两种电池产生的影响是基本一致的,温度是影响电池劣化的主要原因,其他测试条件对电池劣化的影响相对较小；相比较而言，LiFePO$_4$ 电池的使用寿命相对较长，在达到 EoL（End of Life，电池寿命结束）前累计放电安时数远多于 Li(NiCoMn)O$_2$ 三元电池，同时，Li(NiCoMn)O$_2$ 三元电池长期工作在 SoC 较小的情况下会加速电池的劣化，LiFePO$_4$ 电池则没有出现类似的现象。

2.2.2 动力电池劣化过程中的内阻谱变化规律

电池样本在整个测试中，会经历几十次的等效内阻评测。为了更清晰地表现电池等效内阻的变化情况，以 A109 为例，以 500 次循环作为间隔展示充放电等效内阻阶段性评估的测试结果如图 2-22 所示。可以看出，随着电池循环次数的增加，电池的等效内阻谱呈现出单调增加的趋势。相比于放电等效内阻，充电等效内阻在电池实际使用中有两个优势：其一，充电等效内阻随电池的劣化变化更为明显；其二，在实际使用中，电池在充电的同时可以对等效内阻谱进行测量。

从图 2-22a 可以看出，对于某一次评测的结果，等效内阻谱表现为一条曲线，随着电池循环次数的增加，等效内阻也在不断增大。充电等效内阻在 SoC 小于 0.5 时变化较小，在 SoC 大于 0.5 时有明显的增长趋势。使用整条等效内阻曲线进行电池劣化评估固然准确，但计算也较为复杂，在实际应用中存在一定困难。

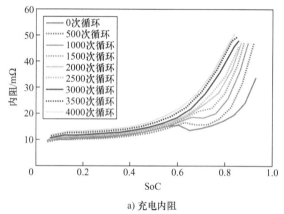

a) 充电内阻

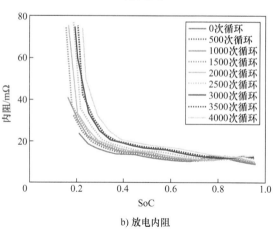

b) 放电内阻

图 2-22 A109 样本内阻阶段性评估测试结果

为了解决这一困难，本节尝试使用两种相对简化的参数，用以表征直流等效内阻谱的变化规律。

1）通过选取某一固定 SoC 值，设该值为 z，在该 SoC 值下的直流等效内阻即可作为整条直流等效内阻谱的表征参数，即

$$\gamma = r(\text{SoC} = z) \tag{2-3}$$

2）利用两条 SoC 等值线、横轴，直流等效内阻曲线可以围成一个封闭的区域，取该区域的面积作为整条直流等效内阻谱表征参数，即

$$\Psi = \int_{z_1}^{z_2} r(\text{SoC}) \, \text{dSoC} \tag{2-4}$$

式中，γ、Ψ 是直流等效内阻谱的表征参数；$r(\text{SoC})$ 表示电池内阻是一个关于 SoC 的函数；z_1 和 z_2 分别代表两条 SoC 值的等值线。

为了比较 2 种简化参数表征直流等效内阻谱的效果，本节根据以上两种定义，设置了 4 个具体的表征参数：

$$\gamma_1 = r(\text{SoC} = 0.5) \tag{2-5}$$

$$\gamma_2 = r(\text{SoC} = 0.8) \tag{2-6}$$

$$\Psi_1 = \int_{0.5}^{0.8} r(\text{SoC}) \, \text{dSoC} \tag{2-7}$$

$$\Psi_2 = \int_{0.7}^{0.8} r(\text{SoC}) \, \text{dSoC} \tag{2-8}$$

其中，在式（2-7）和式（2-8）中，选择 $\text{SoC} \in [0.5, 0.8]$ 和 $\text{SoC} \in [0.7, 0.8]$ 这两个区间的原因是因为当电池 SoC 小于 0.5 时，直流等效内阻随着电池劣化的增长幅度较小，若 Ψ 包含这一部分，会减弱等效内阻的特征，降低灵敏度；而根据测试经验，在电池的生命周期里，测量直流等效内阻时电池外电压达到电池限制工作电压时的 SoC 一般不会小于 0.8。4 个等效内阻谱表征参数的示意图如图 2-23 所示。

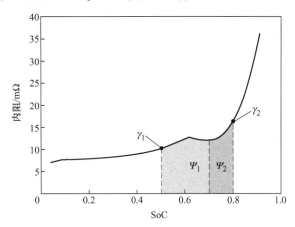

图 2-23　4 个等效内阻谱表征参数示意图

根据充电等效内阻谱的特征，本节通过使用函数 $y = ae^{bx} + c$ 对表征参数进行拟合以判断参数的表征效果。拟合效果一般可以用拟合结果的决定系数 R^2 和方均根差（Root-Mean-Square Error，RMSE）进行描述，4 个参数的函数拟合效果见表 2-19。

表 2-19　4 个参数的函数拟合效果

电池样本	γ_1		γ_2		Ψ_1		Ψ_2	
	R^2	RMSE	R^2	RMSE	R^2	RMSE	R^2	RMSE
A107	0.911	1.442	0.810	3.942	0.977	0.042	0.771	0.232
A109	0.701	1.095	0.866	2.523	0.946	0.066	0.710	0.403
A110	0.895	1.120	0.882	2.892	0.968	0.053	0.886	0.162
A116	0.814	0.430	0.894	2.726	0.947	0.054	0.540	0.378
A117	0.920	0.323	0.912	3.146	0.953	0.072	0.758	0.327
A118	0.957	0.860	0.952	2.655		0.079	0.874	0.202

通过表 2-19 可以发现，由于测量误差、SoC 估算误差等原因，若以某一固定 SoC 下的充电等效内阻值代表整条内阻曲线，是不能反映内阻曲线的特征，而以累积充电等效内阻的方式表征内阻谱却能够较好地减少各类误差的影响。总的来说，使用 $SoC \in [0.5, 0.8]$ 区间内的累积直流充电等效内阻的方式表征效果最好。因此，本节选择 Ψ_1 作为内阻谱表征参数。为了方便不同测试样本之间的比较，将 Ψ_1 进行归一化处理：

$$\Theta = \frac{\Psi_{1,\text{actual}}}{\Psi_{1,\text{new}}} \tag{2-9}$$

式中，$\Psi_{1,\text{actual}}$ 和 $\Psi_{1,\text{new}}$ 分别是电池在当前测试条件下和在循环测试开始前，根据式 (2-7) 计算的充电内阻谱表征参数。如无特别说明，下文提到的表征参数 Θ 统一采用式 (2-9) 的定义。

1. LiFePO$_4$ 电池的内阻变化情况

在 LiFePO$_4$ 电池循环测试样本中，本节选取了如表 2-20 所示的样本，对比不同测试条件对电池内阻的影响。选择该 6 个样本的原因是这些电池样本可以作为 4 组对比实验。A109 和 A110 是在 T、SoC_{start} 和 DoD 都相同时，对比 C-rate 对电池等效内阻的影响；A110 和 A107 是在 T、C-rate 和 SoC_{start} 都相同时，对比不同 DoD 对电池等效内阻的影响；A110 和 A116 是在 C-rate、SoC_{start} 和 DoD 都相同时，对比 T 对电池等效内阻的影响；A116、A117 和 A20 是在 T、C-rate 和 DoD 都相同时，对比不同 SoC_{start} 对电池等效内阻的影响。

表 2-20　循环测试条件对内阻变化的测试安排表

	A109	A110	A107	A116	A117	A118
T	20℃	20℃	20℃	40℃	40℃	40℃
C-rate	0.5C	1C	1C	1C	1C	1C
SoC_{start}	65%	65%	65%	65%	100%	30%
DoD	30%	30%	60%	30%	30%	30%

利用前面所述的直流等效内阻谱表征参数 Θ，可以反映电池样本在不同劣化程度下等效内阻值的变化情况。6 个电池实验样本的实验结果如图 2-24 所示。

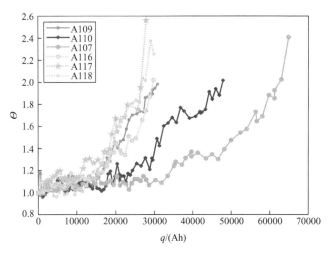

图 2-24　等效内阻谱表征参数 Θ 随样本累积放电量的变化

图 2-24 展示的实验结果有多种可能的表达方式。根据前面的描述，本节依然使用累计放电安时数 q 作为横坐标。从图中可以看出电池直流充电等效内阻初始变化幅度不大，随着电池劣化程度的加深，增大速率也不断增加，呈幂函数和指数函数的变化形式。因此，分别采用幂函数和指数函数对 Θ 与 q 进行拟合，发现 Θ 与 q 及二次、三次幂函数与指数函数的相关度较高，拟合的具体结果见表 2-21。

表 2-21　用不同函数形式拟合 Θ 与 q 关系的结果

电池样本	$y=ax+b$		$y=ax^2+bx+c$		$y=ax^3+bx^2+cx+d$		$y=ae^{bx}+c$	
	R^2	RMSE	R^2	RMSE	R^2	RMSE	R^2	RMSE
A109	0.777	0.135	0.950	0.064	0.950	0.065	0.946	0.066
A110	0.842	0.118	0.964	0.057	0.964	0.057	0.968	0.053
A107	0.944	0.065	0.968	0.049	0.976	0.043	0.977	0.042
A116	0.852	0.087	0.943	0.056	0.949	0.054	0.947	0.054
A117	0.884	0.112	0.951	0.074	0.951	0.075	0.953	0.072
A118	0.853	0.159	0.978	0.062	0.979	0.061	0.964	0.079

由于直流充电等效内阻的变化均在函数图像第一象限，这里选择拟合效果较好的指数函数拟合内阻谱表征参数 Θ，根据上文的分析方式，对温度 T、C-rate、SoC_{start}、DoD 等几个不同测试条件对样本内阻的影响进行对比。

（1）其他条件相同时，不同温度 T 对内阻变化的影响

A110 与 A116 是以测试温度作为对比条件的实验对照组。实验中利用恒温箱严格控制电池的环境温度，通过加强恒温箱内的空气流动提高电池循环时充放电

产热的发散速度，减少由于温度不同引起的误差。图2-25是对A110和A116样本测试结果的拟合，可以看出，当累计放电容量 q 相同时，40℃条件下的 Θ_{A116} 大于 20℃ 条件下的 Θ_{A110}。由该组实验可知，温度的提升会加速电池的老化。

（2）其他条件相同时，不同 C-rate 对内阻变化的影响

图2-26反映了放电倍率对 Θ 的影响。当累计放电容量 q 相同时，测试倍率为 0.5C 的电池样本 A109 的 Θ_{A109} 大于 1C 倍率的电池样本 A110 的 Θ_{A110}。由于 A110 样本的放电速度是 A109 样本的 2 倍，当累计放电容量相同时，A109 样本的测试时间是 A110 样本的 2 倍。考虑到电池的工作时长和日历寿命对电池劣化的影响，$\Theta_{A109} > \Theta_{A110}$ 可能是由于测试时间不同导致的。而当两个样本的测试时间相同时，也即 q_{A110} 是 q_{A109} 的 2 倍时，$\Theta_{A110} >$

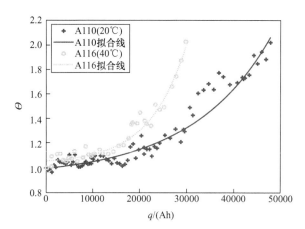

图2-25 测试温度对 Θ 的影响

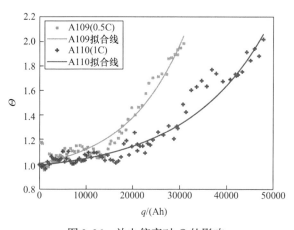

图2-26 放电倍率对 Θ 的影响

Θ_{A109}。这是由于在相同时间内，倍率越高，电池内部由于内阻产生的热量越多，温度越高，由于电池内部的热量发散需要一定的时间，如上文所述，较高的温度会加速电池的劣化，因此倍率的提高也会使电池的劣化速率相应增加。而随着内阻的增大，电池的发热也会逐渐增加，这一现象也在 Θ 增大的过程中变得越来越显著。

（3）其他条件相同时，不同 SoC_{start} 对内阻变化的影响

图2-27是 A116、A117、A118 三个样本的 Θ 随 Q 变化的曲线。三个样本的 SoC_{start} 分别为 65%、100% 和 30%，DoD 都是 30%。

由图中可以发现，当累计放出电量相同时，Θ_{A117} 和 Θ_{A118} 会略大于 Θ_{A116}。SoC_{start} 在 100% 和 30% 时循环劣化速率略高于 65% 的主要原因是：从 100% 开始循

环时，SoC 区间的充电内阻较大，从 30% 开始循环时，SoC 区间的放电内阻较大，在测试过程中经过高阻区，会使得电池内部由于发热导致的温度升高更加明显，从而加速了电池的劣化速率。与（2）部分中叙述的原因相同，这一现象在测试初期并不明显，而是随着 Θ 的增大而变得显著。

（4）其他条件相同时，不同 DoD 对内阻变化的影响

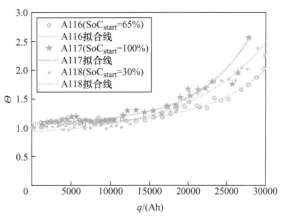

图 2-27　SoC_{start} 对 Θ 的影响

A110 与 A107 是以放电深度 DoD 作为对比的实验对照组。实验结果如图 2-28 所示，在 $q<15000Ah$ 时，Θ_{A110} 和 Θ_{A107} 重合度较高，之后 Θ_{A110} 增大的速率更快，这是由于循环次数对电池的劣化产生的影响[10]。A110 样本的 DoD 为 30%，A107 样本为 60%，当 q 相等时，A110 的循环次数会比 A107 多一倍，随着电池累计放电容量的增加差异越趋明显。

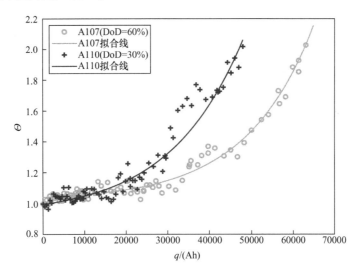

图 2-28　DoD 对 Θ 的影响

2. Li(NiCoMn)O_2 三元电池的内阻变化情况

与 LiFePO$_4$ 电池相比，Li(NiCoMn)O_2 三元电池的内阻谱形态有所不同，如图 2-29 所示。Li(NiCoMn)O_2 三元电池在整个充电过程中内阻值的变化幅度不

大，在电池接近充满时，充电内阻也没有像 $LiFePO_4$ 电池一样出现显著的增大。和 $LiFePO_4$ 电池相似的是，$Li(NiCoMn)O_2$ 三元电池的内阻在充电过程中也会出现短暂增大的情况，继续对电池进行充电时，内阻又会出现回落，在图中具体表现为"凸起"的形态。

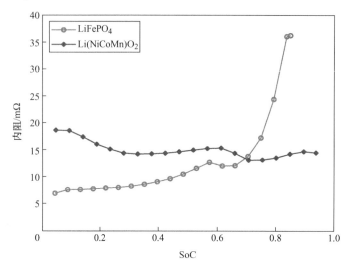

图 2-29　$LiFePO_4$ 电池和 $Li(NiCoMn)O_2$ 三元电池充电内阻谱

本节也希望利用内阻谱表征参数 Θ 来反映内阻在电池循环过程中的变化情况。为了验证 Θ 是否适用于 $Li(NiCoMn)O_2$ 三元电池，本节利用 $y = ae^{bx} + c$ 对不同测试样本的内阻谱表征参数 Θ 的变化情况进行了拟合，结果见表 2-22。从中可以看出，Θ 也可以较好地反映 $Li(NiCoMn)O_2$ 三元电池在循环过程中的内阻变化。

表 2-22　测试样本 Θ 的拟合结果

	B101	B102	B103	B104	B105	B106
R^2	0.9461	0.9305	0.9407	0.9983	0.9291	0.817
RMSE	0.0414	0.0736	0.0391	0.0159	0.0242	0.0294

利用内阻谱表征参数 Θ，可以比较循环测试中测试条件对样本内阻的影响。图 2-30、图 2-31、图 2-32 分别表现了 C-rate、DoD 和 SoC_{start} 对 Θ 的影响。

从图中可以看出，C-rate 和 DoD 对 $Li(NiCoMn)O_2$ 样本 Θ 的影响与 $LiFePO_4$ 类似，C-rate 为 0.5C 的 B102 样本由于测试时间较长，累计放电安时数相同时，Θ 高于 B101 样本；DoD 为 33% 的 B101 样本的循环次数较多，Θ 的增大幅度也相应较大，样本已接近 EoL，两个对比样本 B105 和 B106 的 Θ 变化则较为平缓，还可以继续进行测试；SoC_{start} 为 33% 的 B104 样本 Θ 的增大速率明显高于另外两个样本，这个现象证明了低电量工作会加速 $Li(NiCoMn)O_2$ 样本劣化的电池特性。

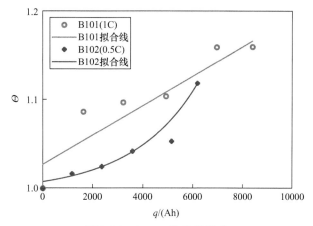

图 2-30　C-rate 对 Θ 的影响

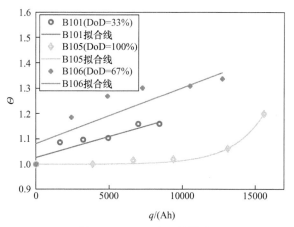

图 2-31　DoD 对 Θ 的影响

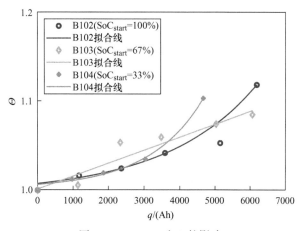

图 2-32　SoC_{start} 对 Θ 的影响

从上述的分析中可以看出,两种电池都可以使用内阻谱表征参数 Θ 表现电池等效内阻谱在电池循环测试过程中的变化;内阻谱表征参数 Θ 与累计放电安时数都呈指数关系,温度是影响电池劣化的主要原因,其他测试条件对电池劣化的影响,主要也是由于影响了电池工作时内部或外部的温度造成的。

在 2.2.1 节对容量衰减的分析中,只有测试温度 T 对容量衰减速率产生了显著的影响,而 2.2.2 节对内阻变化的分析中,各个测试条件都会影响内阻谱表征参数 Θ 的变化,这是由于相比于电池容量,内阻对测试条件的敏感性较高,更能反映测试过程中电池劣化对电池性能的影响,因此,测试条件与电池劣化的关系不能完全依据电池容量的变化进行判断。在实际应用中,综合分析电池容量和内阻的情况,可以更准确地分析电池的劣化状态,为电池制定合理的操作方案。

2.2.3 存储条件对动力电池劣化的影响

本节对电池进行日历寿命测试,考察不同的存储条件对电池劣化的影响。测试方案见表 2-23,这里选取与前面章节一致的 A、B 两种材料共 9 个电池进行测试,并涵盖了不同的环境温度以及不同的初始 SoC 条件。日历寿命测试的具体步骤为:首先对电池进行容量测试,获得电池当前的初始容量;然后根据初始容量,调整电池的 SoC 到某个设定值,并放置到特定温度中进行长期搁置存储;测试过程中定期对电池进行评测,获得电池容量及内阻随存储时间的劣化规律。

表 2-23 动力电池日历寿命测试安排

电池编号	$T/℃$	SoC
A119	40	90%
A120	40	90%
A121	40	50%
A122	40	50%
A123	40	20%
B107	40	50%
B108	40	90%
B109	20	50%
B110	30	50%

不同存储条件下,动力电池容量及内阻的劣化规律如图 2-33、图 2-34、图 2-35 所示。

从图 2-33 可知,存放温度越高,电池的劣化速度越快。在实际测试中,电池样本大约每隔 4 周会进行一次阶段性评估。这里为了减少数据的相互重叠,选择 12 周作为间隔进行展示,使曲线更加简洁清晰。从图 2-34 可知,电池存放时,SoC 处于较低状态会使电池内阻增大,经过约 156 周的存放后,存放时 SoC 为 20% 的电池样本的内阻显著大于 SoC 为 50% 和 90% 的电池样本。

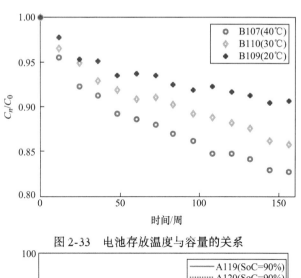

图 2-33 电池存放温度与容量的关系

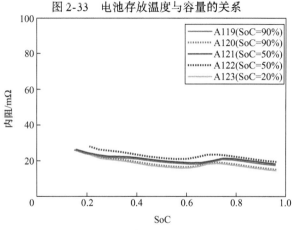

a) 存储0周(第一次评测)

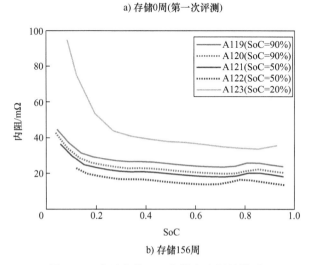

b) 存储156周

图 2-34 电池存储 SoC 与放电内阻的关系

从电池出厂开始,电池便一直处在劣化的过程中。从上文的测试结果可以看出,存储时电池容量衰减的速度是较为缓慢的。为了更直观地对比存储条件与循环工作条件下电池劣化速率的不同,这里选择了同在40℃实验条件下的两个样本进行比较。

从图2-35可知,环境温度相同条件下,存储测试样本A121和循环测试样本A116的容量衰减情况存在差异。相同测试时间下,循环测试样本A116的容量衰减约是存储测试样本A121的3倍,这说明了对于所测样本而言,电池静置存放不进行任何充放电操作的劣化速率小于其他进行循环测试的样本,存储时间对电池性能的影响较为有限。

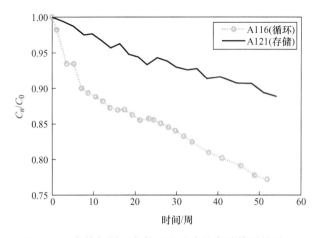

图2-35 存储与循环条件下电池容量衰减情况的对比

第3章　动力电池全生命周期信息化与智能诊断

近几年的实践表明，对于新能源汽车来说，动力电池全生命周期的信息化对于电池的管理是非常有好处的。首先，这是电池组安全的重要保障手段，不仅在发生事故之后能有效追责，而更重要的是，能在电池发生安全事故之前，通过历史数据实施有效预测和预警；其次，掌握了电池全生命周期的信息才能对电池开展智能诊断，从而预测电池的剩余寿命等；最后，电动汽车电池组退役后，对于退役电池的梯次再利用，需要依据所保存的动力电池全生命周期的信息。

3.1　动力电池全生命周期信息化

3.1.1　动力电池的数据类型及体量测算

在电动汽车运行过程中，电池管理系统（BMS）每一时刻都会对电流、电压等动态信息进行采集，并对电池的 SoC、SoH 等实时状态进行更新。在工程上，一般会将这些在线产生的数据保存至 BMS 本地的存储器中，定期取出并归类到统一的数据管理中心，对电池从出厂到退役整个使用过程所产生的数据进行保存，从而实现动力电池的全生命周期信息化，以便后期回溯电池的工作历史，为判断电池的劣化状态或寻找电池故障原因提供数据支撑。

针对动力电池全生命周期信息化的问题，实际上是回答人们最关心的三个问题，即：

1）应该保存哪些信息类型？
2）信息如何存储和管理？
3）保存信息的频率多高？

为回答上述三个问题，首先需要明确的是，动力电池的实时数据都有哪些，其数据规模有多大。只有对总体数据量进行测算后，才能有针对性地设计具体的信息化方案。为此，本节对动力电池在使用过程中可能产生的数据类型进行梳理，分析动力电池从采集到最终输出的处理流程，并介绍数据库的具体实现方法。

1. 动力电池的数据类型

动力电池全生命周期信息化所涉及的电池基本信息数据包括电池电压、电流、温度、系统时间等，这些数据的获取方式及数据长度不尽相同。为了合理保存与管理相关信息，应结合数据运算及存储要求等因素对各类数据进行充分分析，从而建立完整的电池信息数据库。

为了便于数据后期分析处理，在建立系统信息数据库的过程中，除了保存电流、电压等直接采集到的原始信息，还需要记录相关派生信息。因此，一个较完整的电池信息数据库应该至少包含以下内容：

1）每个单体电池的基本数据信息，如 ID；
2）每个单体电池的电压；
3）每个温度传感器的温度；
4）电池系统的总电压；
5）电池系统的总电流；
6）当前系统时间；
7）最低和最高电压及其对应的电池 ID；
8）最低和最高温度及其对应的电池 ID；
9）特定时间段内的最大电流及其对应的时刻；
10）特定时间内的最大功率积分与安时数。

按照上述信息的性质，可将电池数据分为两类，如图 3-1 所示。

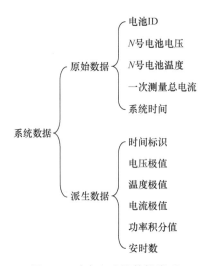

图 3-1　动力电池的数据类型

2. 动力电池的数据库结构

为实现动力电池的信息化，BMS 需要在每一时刻对每个单体电池的原始采集数据以及相应的派生信息进行保存。随着使用时间的增长，保存的数据量也逐渐增大。

因此，为了有效管理动力电池数据，提高数据查询和处理效率，在 BMS 研发过程中，除了需要关注前端的电池数据采集，还应该考虑后端的数据保存形式，以及确定数据之间的内在联系，对电池数据库的结构进行梳理。

（1）动力电池数据库的概念结构

动力电池数据库的概念结构，是根据电池数据类型的层级关系，建立不同电池信息之间的概念模型。具体而言，即利用实体 – 关系图（E – R 图），刻画出系统中数据的构成及其相互关系[3,4]。

数据库的概念结构设计可分为局部视图设计和全局视图设计两个阶段。

电池数据库概念结构的局部视图如图 3-2 所示。在局部视图设计中需要注意的问题有两点：其一，作为属性时，在指定的环境下不能有更多的信息表达，即它是本系统中的最小信息单位；其二，如果一个属性还有更多的信息需描述，则应该把这类属性作为实体来考虑。从图 3-2 可以看到，动力电池数据库可分为动力电池、历史数据总目录和系统时间三个实体，每个实体下有若干个属性，基本涵盖了上文所述的各类数据信息。

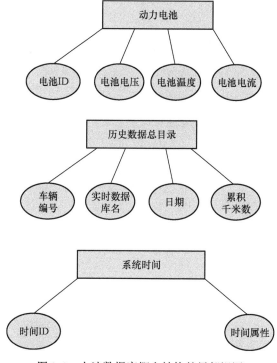

图 3-2　电池数据库概念结构的局部视图

将各个局部 E-R 图集成汇合成一个系统整体的 E-R 图，建立电动汽车电池数据库的全局视图如图 3-3 所示。由于冗余的数据会破坏数据库的完整性、一致性，因此在全局视图中应尽量消除重复和冲突的信息。

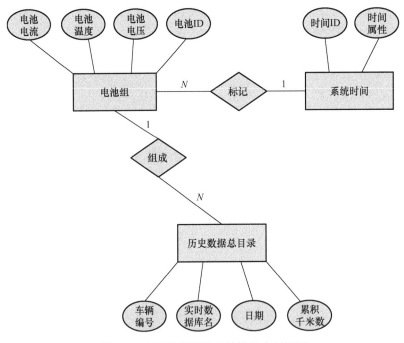

图 3-3　电池数据库概念结构的全局视图

(2) 动力电池数据库的逻辑结构

数据库的逻辑结构设计是将概念结构获得的全局与局部 E-R 概念模型，转换为具体的数据关系模型[5,6]。动力电池所产生的数据信息，根据形成的时间和作用，可进一步分为实时数据和历史数据两类。其中，实时数据保存车辆当前运行状态信息；将实时数据导入历史数据库，便形成了历史数据。通过历史数据，可以掌握动力电池全生命周期过程的完整信息，当需要对电池进行信息回溯或诊断时，通过历史数据的提取和处理，获得所需的评估结果。

为此，这里将基本数据类型细分为实时信息数据库和历史信息数据库两部分，对数据库的逻辑结构进行介绍。

实时信息数据库的库名按照某次行驶开始的日期（年、月、日）和时间（时钟、分钟）命名，其格式为：YYYYMMDDhhmm。库内设计两张数据表，用来实时存储某次行驶得到的所有基本数据。实时信息数据库的结构如图 3-4 所示。

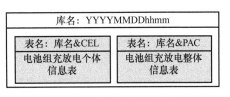

图 3-4　实时信息数据库

其中，电池组充放电个体信息表以库名加"CEL"命名，设计见表3-1。

表3-1 电池组充放电个体信息表

字段名	描述	是否键值	数据类型	数据宽度
CellID	电池ID	Y	无符号整数型	1B
TimeID	时间ID	Y	无符号整数型	3B
Temp	电池温度	N	单精度浮点型	4B
Volt	电池电压	N	单精度浮点型	4B
State	电池均衡状态	N	布尔型	1B

电池组充放电整体信息表以库名加"PAC"命名，设计见表3-2。

表3-2 电池组充放电整体信息表

字段名	描述	是否键值	数据类型	数据宽度
TimeID	时间ID	Y	无符号整数型	3B
Time	系统时间	N	无符号整数型	3B
Current	总电流	N	单精度浮点型	4B

关于数据库、数据表设计的说明如下：

（a）表名
- CEL是CELL的缩写，用来表示个体信息；
- PAC是PACKAGE的缩写，用来表示整体信息。

（b）数据宽度
- CellID为电池ID，对于一个由100个电池组成的电池组而言，采用1B（0~255）的数据宽度来表示。
- TimeID为时间ID，一天24h，对应86400s，2B（0~65535）不足以表示，因此用3B来表示。
- State为电池均衡状态，只有均衡和未均衡两种状态值，用布尔型标记，用1B表示。
- Time为系统时间，若采用时分秒计量，用字符型表示至少需要6B，将时间换算成秒计量，采用无符号整数型表示，一天24h，对应86400s，需要3B。
- Temp、Volt、Current分别为电池温度、电压、总电流，采用单精度浮点型表示，在一般编程环境下该类型的数据宽度为4B（-3.4×10^{-38}~3.4×10^{-38}），可表示6~7个有效数字，满足数据范围及精度要求。

历史信息数据库的库名依照电池组名称命名，如"第N号电池组信息数据库"。库内设计两类表格。第一类是历史数据总目录，该表用来保存每次行驶的整体信息，如车辆编号、实时数据库名、日期、累积千米数等。第二类是实时数据库导入的电池组充放电信息表，即电池组充放电个体信息表组和整体信息表组。历史信息数据库的结构如图3-5所示。

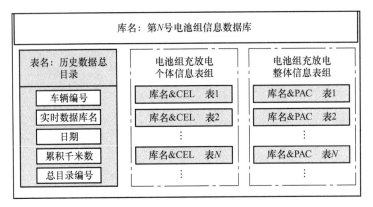

图 3-5　历史信息数据库的结构

历史数据总目录表设计见表 3-3。

表 3-3　历史数据总目录表

字段名	描述	是否键值	数据类型	数据宽度
TabNum	总目录编号	Y	无符号整数型	2B
NowNum	实时数据库名	N	无符号整数型	5B
Tester	试验人	N	字符型	8B
Kmeter	累积千米数	N	单精度浮点型	4B

关于数据库、数据表设计的说明如下：

（a）字段名称、个数

● 字段名称均由相应描述中的英文单词或缩写组合而成，数据宽度不超过8B。

● 该表用来记录某次行驶的相关信息，可根据需要增加字段个数，如当前天气、行驶地点等。

（b）数据宽度

● TabNum 为总目录编号，每录入一次行驶数据编号自动加1。按照具体需求计算，每天产生数据不超过20次，采用2B（0~65536）的数据宽度来表示，可表示3276天（约9年）的行驶记录。

● NowNum 为实时数据库名，带有行驶起始时间信息，采用字符型表示需要12B，采用无符号整数型表示数字范围为 200801010000~999912312459，需要 5B（0~1099511627775）数据宽度表示。

● Tester 为车辆编号信息，用中文输入，一个中文字符占2B，此处预留4个字符位置，需要8B。

● Kmeter 为累积千米数，采用单精度浮点型表示，在一般编程环境下该类型的数据宽度为4B（-3.4×10^{-38} ~ 3.4×10^{-38}），可表示6~7个有效数字，满足数据范围及精度要求。

3. 动力电池的数据体量测算

数据库设计合理性的标准是在保证逻辑结构正确的前提下，尽量压缩信息量和存储量，使得数据存储内容完整但无冗余，逻辑结构紧凑，从而满足 BMS 的存储能力要求。为此，这里对电池的实时和历史数据的信息体量进行测算，评估数据库的基本规模，为 BMS 的设计提供参考。

（1）实时信息数据体量测算

这里对数据的存储空间及处理速率预算。假设电池组中包含 100 个动力电池，每块电池管理板每秒上报一次数据，根据上面的设计，个体信息表每秒将增加 100 条记录。整体信息表每秒将增加 1 条记录。根据表 3-1、表 3-2 所规定的数据宽度，每秒钟产生的数据量为

$$(1+3+4+4+1)B \times 100 + (3+3+4)B = 1310B \quad (3\text{-}1)$$

每小时产生的数据量为

$$1310B \times 3600 = 4716000B \approx 5MB \quad (3\text{-}2)$$

对于 5MB 的信息量，从存储能力及处理速度来看，现有的无论是嵌入式硬件平台还是 PC（个人计算机）均能完成。

（2）历史信息数据体量测算

假设电池组中包含 100 个动力电池，每块电池管理板每秒上报一次数据，一次试验时间为 3h，根据上面的设计，每次试验产生的数据量为

$$[(1+3+4+4+1)B \times 100 + (3+3+4)B] \times 3600 \times 3 + (2+5+8+4)B = 14148019B \approx 15MB \quad (3\text{-}3)$$

一次试验信息量为约 15MB，按照实际需求，假设每天试验 3 次，每周试验 4 天，一年试验产生数据为

$$14148019B \times 3 \times 4 \times 52 = 8828363856B \approx 8GB \quad (3\text{-}4)$$

对于一年 8GB 信息量，从存储能力来看，现有 PC 可以满足要求。

上述测算对动力电池的基本数据体量进行了评估，相关结果说明了动力电池的数据库可在通用的软件平台中进行管理。如前所述，针对电池的每一次充、放电过程建立两个数据表。根据当前电动汽车的需求，每天产生数据不超过 20 次，则一年所产生的数据不超过 7200 次，相应的数据表不超过 14000 个。如此一来，数据可在现有的多个商业化数据库管理软件，如 Microsoft Access、SQL Server 等平台上实现。

3.1.2 动力电池的数据传输方式

为了实现对电池信息的全生命周期管理，对于电动汽车运行过程中实时产生的数据，除了需要在 BMS 本地进行保存，还需要结合一定的数据通信系统，向数

据中心进行传输,便于后期统一管理和维护。

目前常规的 BMS 较少考虑数据的远程传输,也缺乏有效的数据通信途径。为了满足电池数据全生命周期管理的需求,应该在传统的设计方案上增加通信模块,保证本地信息与远端数据中心的信息互通。本节针对动力电池数据传输的特点,介绍一种面向 BMS 的数据传输模块,通过对传统的数据传输通道进行扩展,将 BMS 的本地信息以多种网络形式接入到数据中心,实现电池数据的实时在线传输。

1. 数据传输的硬件实现

动力电池的数据可通过 BMS 采集和存储,并在特定条件下,通过数据传输模块实时上报给数据中心,实现数据传输。数据传输模块的硬件结构如图 3-6 所示。

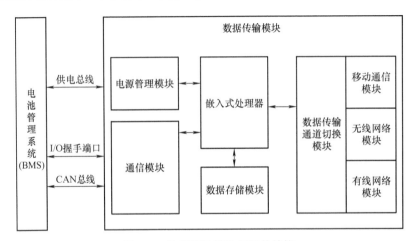

图 3-6 数据传输模块的硬件结构

数据传输模块内部包括嵌入式处理器、电源管理模块、通信模块、数据存储模块、数据传输通道切换模块、移动通信模块、无线网络模块以及有线网络模块,其中电源管理模块通过供电总线和 BMS 相连,通信模块通过 I/O 握手端口与 CAN 总线与 BMS 进行数据通信,移动通信模块、无线网络模块以及有线网络模块则将数据以不同形式接入到远端数据中心。

下面对数据传输模块中各模块的功能进行介绍说明。

BMS 与数据传输模块之间,通过三类信号线进行连接,分别为供电总线、I/O 握手端口以及 CAN 总线。由于目前市面上的 BMS 大部分都由 12V 低压电池供电,因此数据传输模块的供电总线可以挂载在该 12V 铅酸电池供电总线上。I/O 握手端口用于 BMS 与数据传输模块连接时的握手检测。在 I/O 握手端口中,可以为一根由电平触发的信号线。在 BMS 端,该 I/O 端口由 10kΩ 的电阻下拉接地。在数据传输模块端,该 I/O 端口为一个 12V 的高电平。当 BMS 检测到该高电平时,即认为数据传输模块接入到 BMS 当中。在 BMS 与数据传输模块握手成功后，BMS 将通过 CAN 总线的方式，将采集的实时信息向数据传输模块进行传输和交互。

嵌入式处理器是数据传输模块的核心运算单元，由电源管理模块进行供电，从数据存储模块提取和保存数据，并通过通信模块与数据中心进行通信。其中，数据存储模块可以是由两张带有 SDIO 接口的 SD 卡组成。两张 SD 卡轮换工作，当一张 SD 卡处于读取状态时，可以将收到的数据存储至第二张 SD 卡。此处的 SD 卡相当于 FIFO 队列，在 SD 卡存储满后，将重新在 SD 卡的起始存储位置覆盖原有的数据。当检测到网络信号且将所存储的电池数据上传完成后，将清空 SD 卡，等待重新写入电池数据信息。

移动通信模块、无线网络模块、有线网络模块为并联的关系，并由嵌入式处理器通过数据传输通道切换模块来选择与数据中心的连接通道。移动通信模块可以是短信传输模块或 3G/4G/5G 数据传输模块；无线网络模块可以是 WiFi 模块或蓝牙模块；有线网络模块可以是各类支持有线局域网的通信模块，对外留出 RJ45 接口。上述三种通信模块可以根据实际需要自由切换，从而通过多种方式与数据中心进行连接，保证数据传输的稳定性和可靠性。

2. 数据传输的控制流程

BMS 对电池包的实时信息进行采集，并通过每个电池包对应的内部数据传输模块与整个电池系统的智能数据传输模块，经由不同的网络方式传输到数据中心。数据传输的总体流程如图 3-7 所示。

BMS 在采集到电池包的信息后，通过 I/O 握手端口向数据传输模块发出握手信号，表示 BMS 在线。握手成功后，数据传输模块与 BMS 通过 CAN 总线连接，并一直处于等待获取数据的监听状态。当其获取到 BMS 的通信数据后，进入获取网络连接方法的状态，识别目前所处的网络环境。当任意一种通信网络在线时，将相关数据通过该网络发送到数据中心。

根据网络状态的不同，数据传输模块可以选择移动通信网络、无线局域网、有线网络三种方式进行数据传输，具体的切换流程如下：

1) 嵌入式处理器依次读取存储在数据存储模块中的电池数据信息，并执行步骤 2)；

2) 数据传输通道切换模块连接并检测有线网络模块。若有线网络模块连通执行步骤 3)，若有线网络离线执行步骤 4)；

3) 有线网络模块将电池数据信息传输到数据中心并执行步骤 8)；

4) 数据传输通道切换模块连接并检测无线网络模块。若无线网络模块连通执行步骤 5)，若无线网络模块离线执行步骤 6)；

5) 无线网络模块将电池数据信息传输到数据中心并执行步骤 8)；

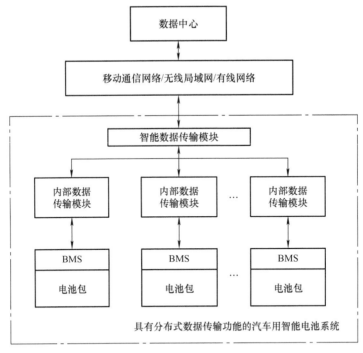

图 3-7 数据传输的总体流程

6) 数据传输通道切换模块连接并检测移动通信网络模块。若移动通信模块连通执行步骤7),若移动通信模块离线执行步骤10);

7) 移动通信模块将电池数据信息传输到数据中心并执行步骤8);

8) 电池数据信息发送完毕,删除数据存储模块中已经发送的电池数据信息,如数据存储模块中的电池数据信息为空执行步骤9),否则执行步骤1);

9) 嵌入式处理器通过通信模块经 CAN 总线发送传输成功信号至 BMS;

10) 嵌入式处理器将电池数据信息写入到数据存储模块中,并通过通信模块经 CAN 总线发送失败信号至 BMS。

通过对传统的 BMS 接入数据传输模块,可以使每辆电动汽车都可以作为互联网中的一个终端,将车载 BMS 采集回来的信息,通过数据传输模块的移动通信网络、无线局域网或有线网络实时传送给数据中心,保证了动力电池在使用上的安全。与此同时,每次接入无线局域网或者有线网络时,电池运行数据也将同步到数据中心,从而保证了每辆电动汽车的动力电池在整个生命周期中可监控、可追溯。

3.1.3 动力电池数据的分级管理

前面章节从技术的角度分析了电动汽车行驶过程中所产生的数据类型、数据体量以及数据传输的实现方式。本节从宏观运营的角度,对动力电池数据的保存逻辑和分级管理的可行性，以及当前数据管理模式的不足进行探讨和分析。

动力电池数据的分级管理，可分为整车内部的数据管理和运营大数据管理两个层面。整车内部的数据管理针对的是电池信息与其他整车信息之间的逻辑关系，解决数据划分优先级、分配存储路径、确定数据存储和传输时机等问题。运营大数据则针对的是电动汽车终端与汽车制造商、汽车运营商、国家和地方政府的数据中心之间的数据交互关系，解决数据由谁发送、由谁保存、由谁监管的问题。

电动汽车内部的数据分级管理如图 3-8 所示，其中整车的数据可分为车内电池数据和整车其他数据两部分。车内电池数据通过 BMS 实时采集，并保存至 BMS 存储器中。整车其他数据通过整车控制器采集车内电动机控制器、转向助力、档位等信号，并保存至整车控制器存储器中。从图中可知，两类数据相互独立，分别由整车控制器和 BMS 负责采集和保存，体现了数据的模块化、层次化的管理。

图 3-8　电动汽车内部的数据分级管理

当网络环境满足一定条件时，可通过 3.1.2 节介绍的数据传输模块，从整车控制器存储器和 BMS 存储器中调取相关数据，发送至目标数据中心。考虑到数据传输过程中的带宽、流量等问题，同时考虑不同目标数据中心的需求可能存在差异，因此在数据传输中不一定将所有数据都进行发送，可通过特定的筛选逻辑，抽取其中的关键信息进行传输。具体选择哪些数据、发送给谁、谁对数据的可靠性负责，这些问题则需要从更宏观的角度，从运营大数据分级管理的层面进行分析。

当前电动汽车运营大数据的分级管理如图 3-9 所示。

从图 3-9 可知，电动汽车终端将采集的数据发送给汽车制造商和汽车运营商。为了对运营数据进行集中统一管理，由汽车制造商将数据上报给地方政府数据中心和国家数据中心，同时汽车运营商也将自有数据上报地方政府数据中心。此外，国家数据中心和地方政府数据中心之间也保留一定的信息通道，进行数据交互与校核。但这种模式在实际运作中，仍存在以下几个问题：

1）接口一致性问题。电动汽车终端向汽车制造商发送实时数据，相同制造商的不同车型之间、不同制造者之间，目前并没有统一的数据接口，传输的数据类型、数据格式、通信频率等都可能不一致，容易导致管理混乱，不利于后续的数据回溯和维护。

2）数据同步性问题。由于不同机构的目标需求不同，因此向同一辆汽车终端索要的数据也不一致，导致汽车制造商和汽车运营商都得到了数据，但无法相互补充和印证，也容易导致管理混乱。

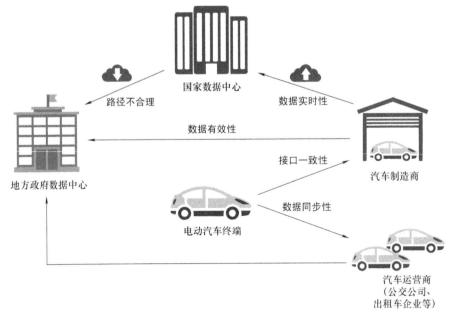

图3-9 当前电动汽车运营大数据的分级管理

3）数据有效性问题。地方政府数据中心通过汽车制造商或运营商获得数据，而非直接通过汽车终端传输，则存在一定的有效性或可靠性问题。相关数据经由企业上传转发，政府难以对汽车终端的数据进行有效监管，不利于统一管理和明确责任。

4）数据实时性问题。汽车制造商向国家数据中心上传数据，但目前没有统一的时间要求，存在一定的时效性问题。国家数据中心无法直接掌控汽车终端的实时信息，在出现异常情况时难以及时掌握相关动态数据，降低了国家数据中心的监管能力。

5）路径不合理问题。汽车终端数据经由多个链条传输和保存，地方政府数据中心和国家数据中心之间通过不同路径，各掌握一套数据，存在一定的重复冗余，容易导致数据冲突和监管责任分散，难以落实不同机构之间的数据监管职责。

因此，在对汽车终端及其动力电池数据的全生命周期管理中，需要统一数据的传输类型，明确数据的传输链条，落实数据的监管责任，从而保证数据的有效性和可靠性。

3.2 动力电池的智能诊断问题

动力电池的健康状态直接关系到行车安全和电池组的使用效率，对动力电池的诊断主要是劣化诊断与故障分析，前者主要关注动力电池在正常使用过程中的劣化程度，后者着重于动力电池在使用时出现的非正常现象。

3.2.1 动力电池劣化诊断指标

为了能很好地衡量动力电池劣化程度，需要选取可量化的指标作为参考，指标的选取应该符合两个原则：第一，与动力电池劣化密切相关，能典型反映电池劣化程度的物理量；第二，具有可操作性，即不需要花费大代价（大量的人力、物力和时间等）的前提下，采取一定手段就能获取。综合考虑后，本节提出以"容量衰减"和"内阻谱"作为动力电池劣化诊断指标。

1. "容量衰减"指标

目前，国内外都比较统一地认为"电池的当前容量"是最能体现动力电池劣化的外特性的指标。并且 IEEE 1188 2005 标准[7]和 USABC[8]也共同建议以"电池容量"作为衡量动力电池劣化程度的参数。所以"容量"这个参数是一个非常典型的电池劣化指标。为了增强这个指标的可比性，以"容量衰减"C_{loss}作为电池劣化在"容量"这个方面的指标，定义如下：

$$C_{loss} = \left(1 - \frac{C_t}{C_{rated}}\right) \times 100\% \tag{3-5}$$

式中，C_t是某条件下的电池最大容量；C_{rated}是电池出厂的额定容量。对于同一品牌相同额定容量的电池，在电池使用一段时间之后，用该计算方法得到的电池劣化指标具有更强的可比性，因为计算公式的分母都是额定容量，所以这个值都是一样的，相当于做了归一化处理。在实际操作中，可以通过设定好的容量评估测试对电池的当前容量做测定，然后根据式（3-5）即可计算出"容量衰减"这个指标的具体数值。

2. "内阻谱"指标

现有的研究均表明，随着电池劣化程度加深，电池的内阻也会加大[9-12]。电池的等效内阻是电池劣化外特性表现的重要参数，且通过获取内阻进行劣化诊断也具有很强的可操作性。电池的内阻主要与温度、电池荷电状态（SoC）以及电池的劣化程度相关。在保证前两个条件不变的情况下，电池内阻能够反映电池的劣化程度。本书第2章已对动力电池等效内阻的劣化规律进行了详细分析，在此不再赘述。

与"容量衰减"这个指标相比，电池内阻是与 SoC 相关的，不同 SoC 下的内阻值不同，且从第2章分析中可知，不同 SoC 下内阻的劣化规律也不一致。从图 2-22 可以看到，以充电内阻为例，电池在其生命周期的前中期，内阻在 0.1~0.6 之间的 SoC 平台区的内阻值比较接近，进入后期，内阻明显增大。因此，在劣化诊断分析中，并不能只采用单独的"内阻值"来评价，应该是用"内阻谱"的曲线来完整描述电池劣化。"内阻谱"指标在实际应用时，可以将测试到的"内阻谱"与标准的参考数据库对比，从而判断出电池内阻是否存在异常，定性地判断出电池是否进入生命周期的末期。基于上述分析，这里使用"内阻谱"这个指标作为衡量电池劣化程度的定性指标。

3.2.2 动力电池离线劣化诊断

对电动汽车动力电池组进行诊断，最直接的方法就是通过一些相关设备（如电池测试仪）以及设计相应的测试来逐个完成电池的各项诊断评估。因为这种测试方法可以很好地隔离在线诊断中存在的各种由于车辆行驶造成的不稳定性，比如在汽车行驶过程中电池存在的滞回电压效应、回弹电压效应或者各种设备的电磁干扰以及温度影响等，所以能更直接、准确地进行劣化诊断。离线劣化诊断方法整体框图如图 3-10 所示。

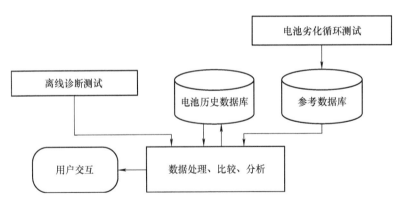

图 3-10　离线劣化诊断方法整体框图

进行离线劣化诊断时，将电动汽车电池组与硬件平台连接好，通过硬件平台对电池组进行诊断评测，包括容量评测、充电内阻评测和放电内阻评测，评测得到的电池数据存储进相应电池的历史数据库中，然后对评测数据进行处理。将数据处理结果与参考数据库的相应指标做比较，进一步分析后，将得到的诊断结论反馈给用户，由用户决定相应的电池组维护策略，比如诊断结论显示电池组中某些电池的容量过低，则考虑更换电池等。其中，参考数据库是对电池进行大量测试后建立的数据库，这些测试涵盖了多种电池工况，并且为各工况下的电池性能诊断指标提供一个参考值。

测试数据处理主要是针对两个劣化诊断指标进行分析。

1. "容量衰减"指标的离线分析

"容量衰减"指标的数据处理分析过程如图 3-11 所示,包括生成容量评测记录表、绘制容量 – 累计安时数曲线和容量衰减 – 累计安时数曲线以及将诊断到的"容量衰减"指标与相关标准做比较等步骤。

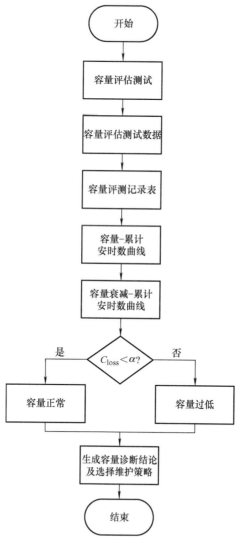

图 3-11 "容量衰减"指标的数据处理分析过程

其中,容量评测记录表记录电池的编号、评测次数、累计安时数、评测容量、容量衰减量以及评测的日期等信息。

根据容量评测记录表，可以绘制容量衰减 – 累计安时数曲线，如图 3-12 所示，图中展示了某品牌额定容量为 20Ah 的电池经过 6 次容量评估测试获得的电池容量衰减曲线。将每次容量评估测试得到的容量衰减量依次绘制出来，可以观察电池的劣化趋势。

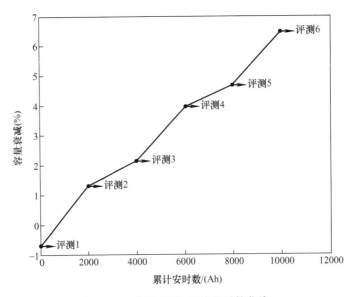

图 3-12　容量衰减–累计安时数曲线

"容量衰减"指标的分析过程如下：根据数据处理结果得到电池当前的容量衰减 C_{loss}，计算公式见式（3-5），将 C_{loss} 与"容量衰减阈值"α 做比较，如果 C_{loss} > α，表明容量衰减量超过预警值，电池的容量已经不能满足电动汽车的使用需求；反之，电池容量在预警值以内，可以继续满足使用需求。根据国家行业标准 QC/T 743—2006，电池容量失效的条件是"电池的容量小于额定容量的 80%"，根据 C_{loss} 的定义，可以反推出 α 值为 20，即当 C_{loss} > 20% 时，电池的容量失效。

2. "内阻谱"指标的离线分析

"内阻谱"指标的数据处理分析过程如图 3-13 所示，经过每次充放电内阻评估测试后，可以得到电池的各次充放电内阻曲线，这些内阻曲线可以形成电池的充放电"内阻谱"，评测序号越靠后，说明电池累计放出的安时数越多，电池老化越严重。

电池"内阻谱"分析的过程为：根据数据处理结果得到的电池当前的充放电内阻曲线，在 20%～80% SoC 区间选取若干个点，比如每隔 10% SoC 取一个内阻点，计算这些点的内阻偏移系数 γ。γ 的定义如下：

$$\gamma = \max\left(\frac{|R_{测}(\text{SoC}) - R_{库}(\text{SoC})|}{R_{库}(\text{SoC})}\right) \times 100\% \tag{3-6}$$

式中，$R_{测}(\mathrm{SoC})$ 是当前测试得到内阻曲线所取内阻点的内阻值；$R_{库}(\mathrm{SoC})$ 是电池参考数据库提供的经验内阻值，下面将讨论该经验值的获取方法。

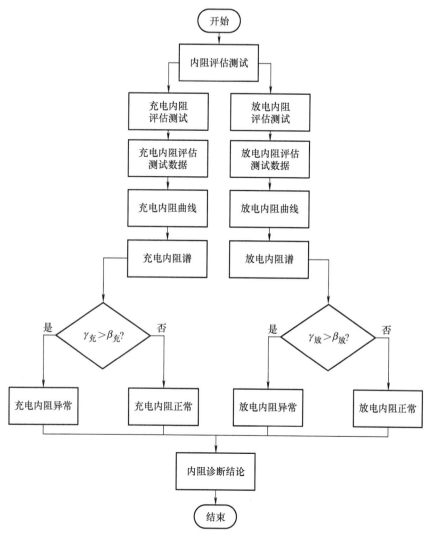

图 3-13 "内阻谱"指标的数据处理分析过程

将 γ 与内阻预警阈值 β 做比较，当 $\gamma > \beta$ 时，表明电池当前的内阻异常；反之，电池内阻正常。内阻预警阈值 β 是由电池参考数据库得到的经验值，下面将讨论该经验值的获取方法。

将电池整个生命周期中的总循环次数均分为三个阶段，前两个阶段分别定义为电池生命周期的前期和中期，最后一个阶段定义为末期。当电池处于寿命的前中期阶段，电池在平台区（SoC 在 20%~80% 区间）的内阻是十分接近的，但电池进入寿命的末期阶段，电池平台区内阻会迅速上升。电池历史数据中，电池前中期阶段的内阻经验值则是 $R_{库}(\mathrm{SoC})$，计算公式如下：

$$R_{库}(\mathrm{SoC}) = \frac{\sum_{i=1}^{N} R_i(\mathrm{SoC})}{N} \tag{3-7}$$

式中，$R_i(\mathrm{SoC})$ 是历史数据库中第 i 次评测时内阻平台区上某 SoC 处的内阻值；N 是电池前中期阶段评测的总次数。

内阻预警阈值 β 的计算公式如下：

$$\beta = \frac{\left| \frac{\sum_{i=N+1}^{M} R_i(\mathrm{SoC})}{M-N} - R_{库}(\mathrm{SoC}) \right|}{R_{库}(\mathrm{SoC})} \times 100\% \tag{3-8}$$

式中，M 是电池历史数据库中电池整个生命周期内的总评测次数；$R_i(\mathrm{SoC})$、$R_{库}(\mathrm{SoC})$ 的定义与式（3-6）、式（3-7）相同。

最后综合容量分析和内阻谱分析的结果就可以得到电池的离线诊断结论。将诊断结论反馈给用户，由用户决定采取何种电池组维护策略。

3.2.3 动力电池在线劣化诊断

与离线诊断方法相比，在线诊断的时机发生在电动汽车使用过程，同时也省去了进行劣化诊断的测试时间，而且在线诊断不必添加测试设备，仅依靠车上配有的 BMS 即可完成劣化诊断。

1. 基于回弹电压的劣化诊断

在线诊断方法所需硬件有电流传感器、电压传感器、数据存储单元。各硬件功能如图 3-14 所示。

对于电动汽车而言，车上一般配有 BMS，而 BMS 本身已经附带了上述各硬件的功能，所以在线诊断实际上并不需要额外添加硬件。其中，电流传感器可以实时地测出电池组电流的大小，将电流值存储到数据存储单元中。电压传感器可以实时地测出各电池的电压值，将电压值存储到数据存储单元中。数据存储单元汇集了电流传感器和电压传感器采集到的电池组中各电池使用历史数据，当在线诊断时机触发时，即可通过数据存储单元调用相应的电池数据进行诊断分析。

本节按照图 3-15 所示的流程来详细阐述在线诊断的基本原理。包括以下部分：第一，电池模型内部阻抗模块的数学表达；第二，电池平衡电势的预测；第三，诊断时机的确立；第四，"容量衰减"指标和"内阻谱"指标的在线估计。

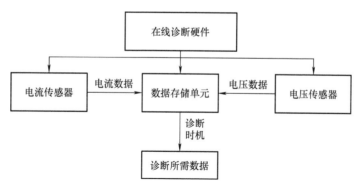

图 3-14　在线诊断硬件及其功能

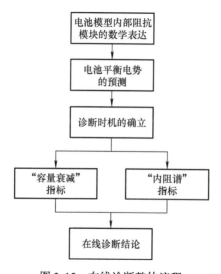

图 3-15　在线诊断整体流程

(1) 电池模型内部阻抗模块的数学表达

根据《电动汽车动力电池管理系统设计》[1]的 6.3.2 节可知，电池等效电阻和电压回弹是电池超电势特性的表现，电压回弹曲线如图 3-16 所示。为了描述这种特性，可选取三阶 RC 网络模型作为电池的电路模型。

以下将讨论电池模型内部阻抗模块的数学表达。内部阻抗模块如图 3-17 所示。

图 3-16 是一个典型的动力电池电压回弹曲线。图中，$B{\to}D$ 区域存在欧姆电压降，在数学上表现为一种阶跃（不连续的）函数，可利用其求解 R_Ω，有

$$R_\Omega = \frac{U_D - U_B}{I} \tag{3-9}$$

式中，I 为电池电压进入回弹前的放电电流值。此后，$D{\to}C$ 区域的数据可视作以 D 点为起点的零状态响应，根据经典的电路分析，电池两端的电压满足

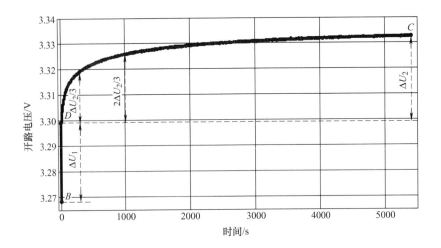

图 3-16 电压回弹曲线

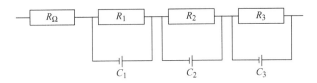

图 3-17 内部阻抗模块

$$u(t) = U_{oc} - IR_1 e^{-\frac{t}{R_1C_1}} - IR_2 e^{-\frac{t}{R_2C_2}} - IR_3 e^{-\frac{t}{R_3C_3}} \quad (3\text{-}10)$$

式中，U_{oc}、R_1、C_1、R_2、C_2、R_3、C_3 为 7 个待定的参数；I 为电池电压进入回弹前的放电电流值；t、$u(t)$ 分别为回弹的时间和回弹过程中的电压值。

不妨对参数做一下简化，令：$IR_1 = b_1$，$IR_2 = b_2$，$IR_3 = b_3$，$\dfrac{1}{R_1C_1} = \tau_1$，$\dfrac{1}{R_2C_2} = \tau_2$，$\dfrac{1}{R_3C_3} = \tau_3$。则式（3-10）可简化如下：

$$u(t) = U_C - b_1 e^{-\tau_1 t} - b_2 e^{-\tau_2 t} - b_3 e^{-\tau_3 t} \quad (3\text{-}11)$$

式（3-11）即为三阶 RC 网络模型内部阻抗模块对应的数学表达式。

（2）电池平衡电势预测

根据第 2 章中电池特性的研究，电池在经历了充电或者放电状态后的一种稳态电势称为电池的平衡电势。当电池由充放电状态转换到不充电不放电的搁置状态，电压回弹足够长时间后的电压值即为电池的平衡电势。而这个电压值就是式（3-11）中的 U_{oc}。

为得到平衡电势，可以通过实测到的电压回弹数据通过式（3-11）拟合来求解出式中各参数值,从而通过有限的电压回弹数据预测出平衡电势。如图3-18所示,曲线 OA 段是实测到的电池在回弹前 t_A 秒的电压数据,通过这部分实测数据结合式(3-11)来拟合完整的回弹曲线,可以预测后面的回弹数据(曲线 AB 段),进而得到电池的平衡电势(B 点的电压值)。

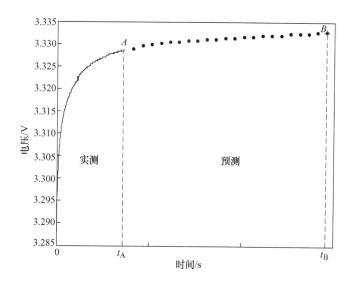

图 3-18 平衡电势预测示意图

(3)诊断时机的确立

上述平衡电势的预测方法是建立在实测电压回弹数据基础上的,实测数据的数量无疑会对预测的准确性造成影响。当实测的电压回弹数据足够多时,实际的电压回弹时间也足够长,而此时的电压已经非常接近于平衡电势。本章提出的平衡电势预测方法意义在于仅通过较少量的电压回弹数据来实现较准确的平衡电势的预测。

为探究上述预测方法所需的数据量以及不同数据量对预测精度的影响,这里按照第 2 章中所设计的电池充放电内阻测试工步,选用了两种不同品牌的电池分别在不同温度下进行了测试并采集了不同 SoC 下的电压回弹数据,采集的频率为 1s/次。使用上述平衡电势预测方法,部分预测结果见表 3-4 和表 3-5。

表 3-4 和表 3-5 展示了使用前 30s 和前 60s 电压回弹数据进行平衡电势预测的结果。当数据量为 30s 时,预测的最大偏差达到 7mV,而 60s 的数据量则基本可以达到 3mV 以内。由于上述两个电池的电压回弹数据是在实验室内采集的,电池工作环境相对稳定、干扰较小。如果在实车上进行数据采集,电池的工作环境相对恶劣。所以为了保证预测的准确性,在实车上使用 BMS 采集电压回弹数据时,数据量应该至少大于 60s。

表 3-4　A 品牌电池在 20℃不同 SoC 下的平衡电势预测结果

SoC（%）	拟合用数据量/s	预测值/mV	实测值/mV	误差/mV
75.62	30	3343	3338	5
	60	3341	3338	3
54.14	30	3309	3303	6
	60	3305	3303	2
36.07	30	3292	3297	−5
	60	3300	3297	3
19.60	30	3268	3261	7
	60	3258	3261	−3

表 3-5　B 品牌电池在 40℃不同 SoC 下的平衡电势预测结果

SoC（%）	拟合用数据量/s	预测值/mV	实测值/mV	误差/mV
80.73	30	3326	3333	−7
	60	3334	3333	1
61.45	30	3293	3297	−4
	60	3298	3297	1
42.18	30	3299	3294	5
	60	3294	3294	0
22.90	30	3235	3238	−3
	60	3239	3238	1

综上所述，当电池由充电或者放电状态转入不充电不放电的搁置状态，并且搁置状态持续 60s 以上，则可以使用上述平衡电势的预测方法实现较准确的平衡电势预测。结合电动汽车的实际运行状况，诊断时机可以表述为：当电动汽车的电池组由充电或者放电状态进入搁置状态，即电池组既不充电也不放电，并且这种状态持续 60s 以上。这种诊断时机可能在电动汽车等待红绿灯、接送乘客等情况下出现，又或者在电动汽车进行充电时，人为地在充电机上设置一个较短时间的搁置工步来创造诊断时机，这对电动汽车的整体充电时间并不会有太大影响，也不会对电池造成损害。电池组由充电或者放电状态进入搁置状态后，车上弱电部分仍然工作，如空调、驾驶座显示面板等，此时电池组电流仍然有 2A 左右，这个过程的重要标志是电池组的电流从一个较大的数值迅速降到一个很小的数值，如从正常运行时的几十安降到待车时的 2A 左右。在实际应用中，电动汽车的 BMS 记录了行车过程中电池组每时每刻的电流值，当发现电流出现上述标志，并且持续 60s 以上，则 BMS 判定为出现了一次在线诊断时机。

(4)"容量衰减"指标和"内阻谱"指标的在线估计

在线诊断的两个指标也是"容量衰减"和"内阻谱"。以下将结合上述平衡电势预测方法和诊断时机,分别阐述这两个指标的在线诊断原理。

(a)"容量衰减"指标的在线分析

在电动汽车电池组中,各电池是串联连接的,所以任意时刻,通过各电池的电流均相等,从而在任意一个时间段内各电池的电量变化量 ΔQ 相等。然后结合电量变化量 ΔQ 对应的电池 SoC 变化量,即可推算出任意一个电池的容量。容量计算方程如下:

$$C = \frac{|\Delta Q|}{|\Delta \text{SoC}|} \tag{3-12}$$

式中,C 为电池的容量;ΔQ 为在 Δt 时间段内相应的电量变化量;ΔSoC 为在 Δt 时间段内相应的剩余电量变化量。

在式(3-12)中

$$\Delta Q = \int_{t_1}^{t_2} I \mathrm{d}t \tag{3-13}$$

式中,I 是放电电流;$\Delta t = t_2 - t_1$。

如图 3-19、图 3-20 所示,磷酸铁锂电池在一定温度下,电池的平衡电势与电池的 SoC 存在一一对应关系,该特性同时存在于电池的充电和放电过程中。

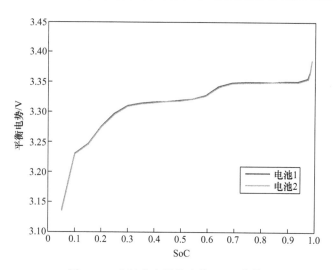

图 3-19 电池充电平衡电势- SoC 曲线

在电动汽车运行过程中如果连续出现两个诊断时机(记为 t_1、t_2),使用上述平衡电势预测方法将这两个诊断时机中采集到的电压回弹数据进行拟合,从而得到电池的平衡电势,然后再根据平衡电势- SoC 曲线,可以得到相应的 SoC_1、

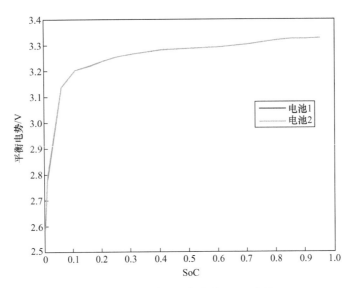

图 3-20 电池放电平衡电势-SoC 曲线

SoC_2,从而计算出 ΔQ 对应的 ΔSoC,再进一步计算出电池的当前容量。计算得到电池当前容量后即可根据容量衰减式(3-5)计算出当前的"容量衰减"指标。

(b)"内阻谱"指标的在线分析

电池内阻方程为

$$r = \frac{\Delta U}{I} = \frac{E_B - U_L}{I} \tag{3-14}$$

式中,r 为电池的内阻;E_B 为电池的平衡电势;U_L 为电池带上负载工作时正负极两端的电压;I 是负载电流的大小。

根据电池的超电势特性,电池由工作状态转换到搁置状态(不充电也不放电的状态),电池的电压会发生回弹变化,直至电压稳定至电池的电动势。期间电池电压的回弹值即为式(3-14)中的 ΔU,回弹前电池工作电流值则是式(3-14)中的 I。

当电动汽车运行过程中出现上述诊断时机时,通过平衡电势预测方法将采集到的电压回弹数据进行拟合,得到电池的平衡电势 E_B 及对应的 SoC 值,结合电池的负载电压 U_L(电池进入搁置状态前一瞬间的电池电压)以及负载电流(电池进入搁置状态前一瞬间的电池组工作电流)可以计算出相应的电池等效内阻 r。当出现多个诊断时机,即可计算出多个不同 SoC 下的电池内阻值,然后根据式(3-6)以及结合离线诊断方法的参考数据库,计算出电池的内阻偏移系数 γ 这个"内阻谱"指标。

至此,通过平衡电势预测方法并且结合在线诊断时机以及参考数据库,可以完成在线诊断的"容量衰减"和"内阻谱"指标的在线估计,最后根据上文中离线诊断方法的评判标准得出电池在线劣化诊断的结论，评判标准此处不再赘述。

2. 基于数据驱动的劣化诊断

除了上文的基于回弹电压的在线劣化诊断，还有基于数据驱动的劣化诊断，本节将介绍利用支持向量机，基于等效内阻的预测电池劣化的在线劣化诊断。对于$LiFePO_4$电池来说，劣化过程中，容量的减少一般都伴随内阻的增大，即容量衰减与内阻增大存在一定的关系，具体如下：

$$C_{\text{loss}} = f(\vec{R}) \tag{3-15}$$

但是，容量衰减与内阻增大之间的关系并不能用表达式明确来表示，这就需要通过机器学习在实验数据中寻找其中的规律。本节通过支持向量回归对两者关系进行归纳分析，支持向量回归较之其他算法，是专门解决有限样本情况的机器学习，同时有可以解决高维问题、计算复杂度低、泛化误差低、容易解释等优点。

本实验从2.2节的数据中，选取6个15Ah的磷酸铁锂电池进行测试验证，其中3个电池为40℃下的测试样本，另外3个来自20℃，用于评估所提方法在不同条件下的预测效果。各电池的容量与内阻规律已在2.2节详细展示，在此不再赘述。为便于建模分析，这里将原来的相对容量C_n/C_0转换为如图3-21所示的相对容量衰减量C_{loss}，并有$C_{\text{loss}} = 1 - C_n/C_0$。

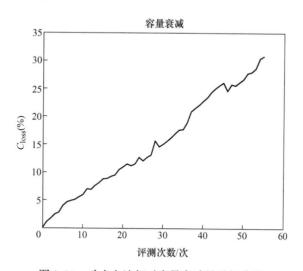

图3-21 动力电池相对容量衰减量增长曲线

在每个温度下，各取两个电池作为支持向量回归模型的训练样本，另一个电池作为预测样本。先用40℃的实验数据检验支持向量回归建立容量衰减与等效内阻之间关系的可行性，再用20℃的实验数据检验该模型在温度上的可扩展性。

取每一条内阻线SoC为0.6、0.7和0.8对应的阻值点，记为R_{1n}，R_{2n}，R_{3n}，

通过图 3-21 得到该次评测对应的容量衰减值 C_{loss}，将 R_{1n}，R_{2n}，R_{3n} 作为训练模型的输入，C_{loss} 作为对应输出，得到回归结果与预测结果如图 3-22 所示。

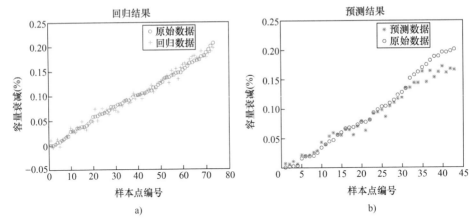

图 3-22 回归结果与预测结果

在线使用的动力电池，由于检测设备传感器存在测量误差，会导致对电池劣化状态的估算误差，本节考察这种误差对预测的影响。假设传感器的电压测量存在 ±5mV 的偏差，电流测量存在 ±20mA 的偏差，有

$$U'_{\text{ocvc}n} = U_{\text{ocvc}n} + e_{1n} \tag{3-16}$$

$$U'_{\text{c}n} = U_{\text{c}n} + e_{2n} \tag{3-17}$$

$$I'_{\text{c}n} = I_{\text{c}n} + e_{3n} \tag{3-18}$$

$$R_{\text{ic}n} = \left(\frac{U'_{\text{ocvc}n} - U'_{\text{c}n}}{I_{\text{c}}} \right) \tag{3-19}$$

$$Q_{\text{c}n} = \frac{I'_{\text{c}n} \times t_{\text{c}n}}{3600} \tag{3-20}$$

式中，$U'_{\text{ocvc}n}$（$n = 1$，2，3…）为每次测得的充电开路电压；e_{1n} 为测量误差；$U'_{\text{c}n}$（$n = 1$，2，3…）为每次测得的充电工作电压；e_{2n} 为测量误差；$I'_{\text{c}n}$ 为每次测得的电流大小；e_{3n} 为测量误差。将存在测量误差的数据进行训练后，得到的预测结果如图 3-23 所示。

将原始数据与预测结果进行对比得到如图 3-24 所示的误差分析，可以得知，最大误差百分比的绝对值不超过 4%。

温度是影响电池劣化的最重要原因[13-16]，上文用来训练与预测的电池实验数据皆是在 40℃ 实验条件下得到的，为了研究支持向量回归预测电池劣化程度在温度上的可拓展性，下面将 20℃ 实验条件下得到的电池数据分别作为训练样本与预测样本，得到的训练结果与预测结果如图 3-25 所示。

通过对数据进行处理，得到该次回归训练中的最大误差为 0.0113，RMSE 为

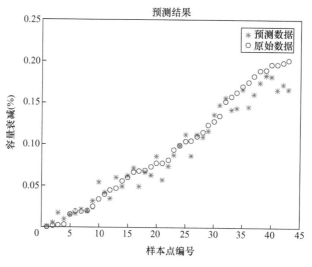

图 3-23　预测结果

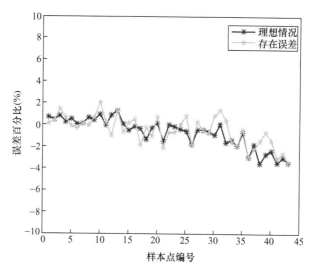

图 3-24　误差分析

0.0041，而在预测中，最大误差为 0.0113，RMSE 为 0.0044，即相对误差和 RMSE 都很小，表明该方法对 20℃下使用的电池进行劣化程度预测也是准确的。

可以看到，对于不同温度条件下的电池内阻数据，支持向量回归模型都能预测动力电池的劣化程度，其具有较大的可拓展性。

使用基于等效内阻预测电池劣化程度，可以在线实行，让用户及时了解车上

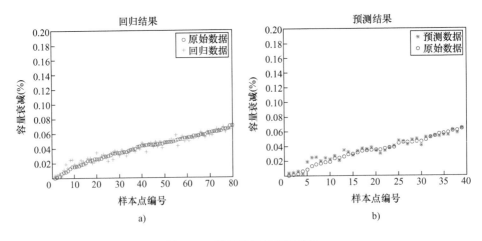

图 3-25 训练结果与预测结果

电池的状况,从而做出是否更换电池的决定,保证了电动汽车的行驶里程并提高了安全性。

3.2.4 动力电池的故障分析

动力电池故障分析是对电池外特性参数的研究,包括了电芯单体电压、电流、温度和电池组电压等参数,电池数据由 BMS 实时监测、诊断得到。本节把电池状态监测的故障分为电池电压的故障、电池电流的故障和电池温度的故障。

1. 电压故障

电池的电压是电量是否充足的直观表现,如果电池在充电过程中发生过度充电或者在使用过程中过度放电,其造成的损伤是不可逆的,会导致电池寿命减少甚至报废。其中,过度充电指的是在电池的 SoC 为 100% 的情况下继续充电;过度放电指的是在电池的 SoC 是 0 的情况下,继续对电池进行放电。在实际操作中,设定充、放电的截止保护电压是防止过充过放的一种简单而普遍的保护方式,如果检测到的电压高于或者低于预先设定的门限电压,则切断电路,发出警报。

另一方面,单个电池电压过高,会引起电池发热,电池容量的衰减速度会因此加快,严重情况下会发生燃烧爆炸等安全事故;电池组总压过高除了造成上述危害外,还有可能引起电动机控制器损坏。通过实验室测试和数据分析发现,电池过电压的主要原因是过度充电而引起的单体电池过电压,从而造成电池组总压过高,并且在电池使用过程中能量回馈可能造成一部分单体电池过电压。

电池电压过低会造成设备运行不正常，甚至停止工作。单体电池电压的不均衡会使电池之间放电深度不同，从而造成容量不均衡，这不仅降低了电池组的整体有效能量，还可能缩短电池的使用寿命。

因此，电压监测下的故障包括单体电池电压间故障和电池组总压故障。单体电池电压故障包括单体电池过电压和欠电压；电池组总压故障包括电池组总压过低以及单体电池间的电压不均衡。

2. 电流故障

电流是BMS判断电池充放电状态和查看电池剩余电量的重要技术参数。电流出现过电流不仅会影响电池寿命，也会对电池使用安全造成威胁。为了区分电池充、放电两个状态，将充电时的数据设置为正值，将放电时的数据设置为负值。因此以数值记录电力大小，正负号区分充、放电状态。

因此，电池电流的故障就是电池过电流，指的是在充放电过程中，工作电流超过安全值。以电动汽车为例，某型号汽车的动力电池支持不超过一分钟的3C过载电流，当负载电流超出该时间限制或信率限制时，将会损坏电池并对车辆安全造成隐患。

3. 温度故障

电池温度超出合理范围时，会影响电池的工作和寿命。电池是一种化工产品，长期工作在高温的环境，可能会引起电池内部难以控制的化学反应，一般可能损伤电池，加速容量衰减，缩短电池使用寿命，严重时可能引起电池自燃，发生更严重的安全事故。在低温环境下，容易导致电池不工作，设备停工。

因此，电池温度的故障分为过温和低温故障。BMS实时对电池进行监测，保证电池温度保持在合适的范围，不但可以保证电池在安全的工况下工作，也能从一定程度上减缓电池容量的衰减，延长电池的使用寿命。

3.2.5 基于移动客户端的动力电池检测系统

本节将叙述如何使用移动客户端对动力电池进行实时监测，使用服务器存储电池数据并进行分析，实现了对电池的远程监测和故障诊断。

根据智能电池系统要求，以及电动汽车上应用场景的实际需求，设计了动力电池远程监测及故障诊断系统功能图，如图3-26所示。

基于移动端的动力电池检测系统的组成主要是服务器和移动客户端，服务器主要负责存储电池数据，对电池数据诊断分析和响应移动客户端请求，提供数据等，移动客户端主要负责获取电池数据，将数据以不同形式展示和警报提醒等。

综上，这个检测系统的总体架构如图 3-27 所示。

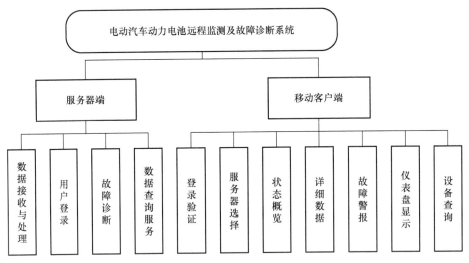

图 3-26　动力电池远程监测及故障诊断系统功能图

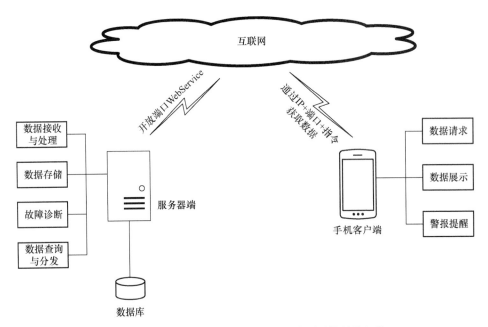

图 3-27　基于移动客户端的动力电池检测系统总体架构

在图 3-27 中，整个系统分为左右两部分。左边是基于云端的服务器，主要完成电池数据存储和处理的工作。电池 BMS 通信模块与服务器通信依据制定的编码规则，数据通过互联网上传到服务器后，服务器对其解码分类后写入数据表中，电池数据的故障诊断工作由服务器独立的软件模块完成，诊断结果写入数据库中的警报表中存储。服务器通过搭建的 WebService，开放不同的请求指令，移动客户端发送指令来获取数据，服务器接收指令后在数据库中查询结果，并通过互联网返回数据。右边是基于 Android 手机的客户端，主要完成电池数据展示和警报提醒的工作。

（1）服务器程序的设计与实现

服务器程序包括了电池数据接收与处理、电池诊断程序、电池数据查询服务。图 3-28 是电池数据接收与处理程序实现过程。

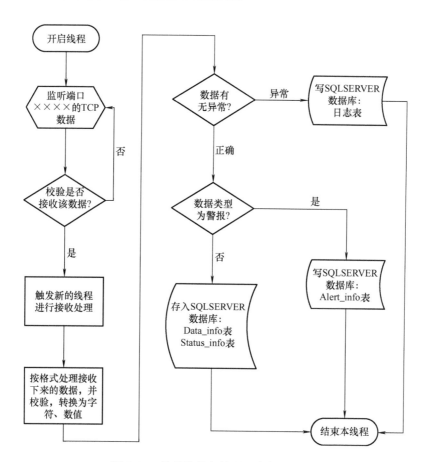

图 3-28　数据接收与处理程序实现过程

电池劣化诊断与故障分析也放在服务器程序中实现，其过程如图 3-29 所示。

电池数据查询服务的实现过程包括：对数据库的操作和调用接口实现，以及 WebService 的发布和服务器 IIS 部署，如图 3-30 所示。

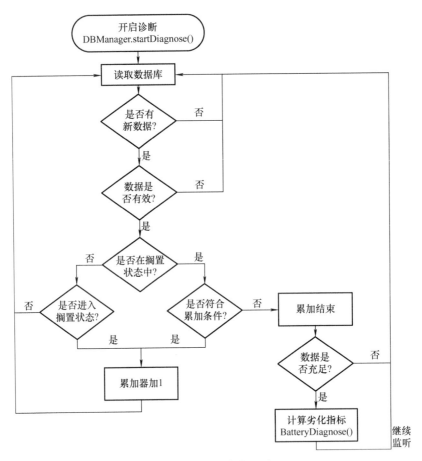

图 3-29　诊断程序实现过程

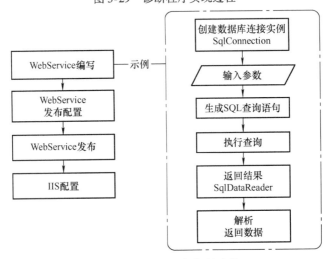

图 3-30　查询服务实现过程

（2）移动客户端的设计与实现

为满足移动客户端的功能需求，同时从尽可能方便使用者、简化操作的角度出发，我们设计的客户端界面和交互操作如图 3-31 所示，主要由三个层递进的界面组成，在主界面中提供多样化的数据展示功能。

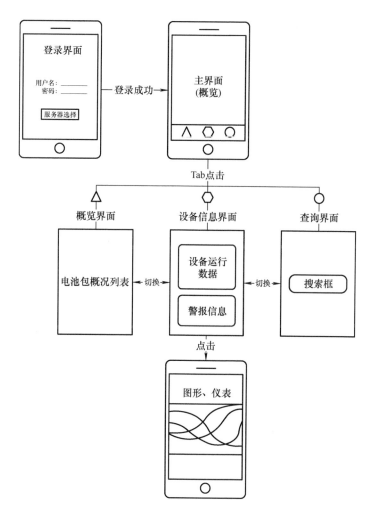

图 3-31　客户端交互与界面设计图

截取测试时部分界面作为示例，如图 3-32 所示。其中图 a 为客户端登录界面；图 b 为车辆概览界面，可浏览所有车辆的状态；图 c 为设备详情界面，显示了该车的详细电池数据；图 d 为设备查询界面；图 e 为图形与仪表界面，可查看电池电压、电流和速度的变化情况。

图 3-32 客户端示意图

3.3 退役电池的梯次利用

动力电池在达到一定使用年限后,其性能不再满足汽车使用需求,应从汽车上卸载退役。然而,此时电池性能仍有较大的利用空间,可在其他低倍率应用场景继续使用,若直接进行拆解回收将造成极大的资源浪费[17-20]。因此,通过对退役电池进行余能检测、残值评估、快速分选和重组利用,实现电池梯次利用,可以充分发挥电池剩余性能、降低企业电池使用成本、同时缓解电池回收压力,具有较大的经济与环境保护效益。本节从梯次利用的法规及相关标准、退役电池的特性规律以及梯次利用的分选流程进行分析,为电池退役后的回收利用提供技术参考。

3.3.1 动力电池梯次利用相关标准与政策

在电池内部活性材料持续消耗与一系列电化学副反应的作用下,电池性能随使用时间的增长逐渐衰退,具体表现为容量的衰减与内阻的增加。当电池性能不再满足当前应用的需求时,比如典型的,电动汽车车载动力电池无法提供足够的动力或无法保证足够的行驶里程时,从功能与安全性角度考虑,都应当进行及时更换。动力电池的梯次利用是电池被更换后,即退役后进行分选与重组,根据其性能重新分级,投入到合适的场景进行二次利用的过程。因此对于动力电池的梯次利用,一个首先需要解决的问题是:电池何时需要被更换?电池的具体失效准则是什么?针对该问题,本节搜集了国内外相关技术标准,对涉及动力电池失效准则的具体规定进行整理,见表3-6。

表3-6 涉及动力电池失效准则的相关标准

发布单位	标准名称	发布年份	具体章节	失效准则规定
IEEE	IEEE-1188 推荐用于储能阀控铅酸(VRLA)蓄电池的维护、测试和更换方法	2014	第8节	实际容量低于初始容量的80%时
USABC	电动汽车电池试验手册(第3版)	2015	第4.8节	当功率与能量不满足实际应用需求时
美国爱达荷州国家实验室	混合动力汽车电池试验手册	2003	第4.9节	当功率与能量不满足实际应用需求时
美国爱达荷州国家实验室	插电式混合动力汽车电池试验手册(第3版)	2014	第4.9节	当功率与能量不满足实际应用需求时
ISO	ISO12405-1 电动道路车辆-锂离子蓄电池包和系统测试规程 第1部分:高功率应用	2011	第7.9节	当功率与能量不满足实际应用需求时
IEC	IEC62660-1 电动道路车辆用二次锂离子蓄电池:锂离子电池性能试验	2010	第7.7节	实际容量低于初始容量的80%时
中国汽车行业标准	QCT743 电动汽车用锂离子蓄电池	2006	第6.2.11节	实际容量低于初始容量的80%时
中国国家标准	GB/T 31484 电动汽车用动力蓄电池循环寿命要求及试验方法	2015	第5.2节	实际容量低于初始容量的80%时

从表3-6可知,动力电池失效标准的规定主要分为两类。一类给出了电池退役的具体指标要求。比如 IEEE-1188 明确指出,"电池在实际容量达到额定容量80%时意味着衰减速率的加快",即使容量仍能满足直流系统的负载需求,依然

"建议根据7.4节规定的容量低于厂家标定值的80%时予以更换"。另一类只给出了定性要求,比如USABC电动汽车电池试验手册规定,"设备性能由定期的参考性能测试,尤其是HPPC与峰值功率测试评估确定",当"设备的功能与能量性能低于某个边界值时,设备达到寿命终止条件"。此外,其他技术条件,如自放电率等,也可以作为电池的失效准则。

动力电池达到失效准则,从原有应用场景中退役后,需要对其性能进行重新评估,并分配到合适的领域进行二次利用。因此,在该阶段需要解决的问题是:如何评估动力电池的现有性能,如何测试电池是否满足二次利用的性能需求,哪些应用场景适合退役电池继续使用,以及相应的技术可行性与经济性分析等。对于退役电池梯次利用的应用研究,国外起步较早,其中以美国为主要代表。本节对动力电池梯次利用的一些典型研究项目进行整理,见表3-7。

表3-7 动力电池梯次利用相关研究项目

实施单位	项目名称	实施年份
美国阿贡国家实验室	电动汽车电池二次利用研究	1998
美国电力科学研究院等	镍氢及其他先进电动汽车电池在选定储能应用中的市场可行性分析	2000
美国桑迪亚国家实验室	退役电动汽车电池在储能应用中的技术与经济可行性分析	2003
加利福尼亚大学戴维斯分校	插电式电动汽车用锂电池的性能、充电与二次利用注意事项	2009
美国国家可再生能源实验室	插电式混合动力汽车/纯电动汽车锂离子电池二次利用项目	2010
加利福尼亚大学伯克利分校	再利用与再供电:如何利用电动汽车退役电池省钱与清洁电网	2014
美国国家可再生能源实验室	识别与克服插电式电动汽车电池在广泛二次利用中的关键障碍	2015
欧洲委员联合研究中心	汽车蓄电池二次利用中的可持续性评估	2018

从表3-7可知,对退役电池梯次利用的研究主要可分为两个阶段,2003年以前,锂离子电池尚未在电动汽车领域广泛应用,退役电池总量尚未形成规模,因此研究目标以宏观的技术可行性与市场潜力分析为主,研究对象包括镍氢电池、锂离子电池与锂聚合物电池。2009年后,随着电动汽车的推广,大量车用电池面临退役,其回收利用问题开始逐步显现,相关研究从宏观市场分析,逐渐细化为对电池寿命预测、成本核算以及未来退役电池供应量与二次利用市场需求的匹配问题。针对电动汽车市场的兴起,欧盟也开始对动力电池的梯次利用进行全面调研,并获得一些初步成果。然而,此前项目研究的侧重点主要还是在于宏观层面的可行性与应用潜力的讨论,对动力电池具体的测试步骤、性能评估方法以及分选流程等的分析相对较少。

2001年我国启动863计划电动汽车重大专项,针对新能源汽车产业开始确立了"三纵三横"的技术路线,指明了围绕混合动力汽车、纯电动汽车、燃料电池汽车以及多能源动力总成控制系统、电机及其控制系统、电池及其管理系统的产业化发展思路。2009 年国家推动"十城千辆"节能与新能源汽车示范推广应用工程,政策扶持力度逐年增加。2012 年以来,《电动汽车科技发展"十二五"专项规划》《节能与新能源汽车产业发展规划(2012—2020)》《中国制造 2025》等多项战略性文件相继出台,我国新能源汽车产业进入快速发展阶段,相关财政补贴、法规、标准也逐步配套落实,为产业发展提供了良好的政策基础。

表 3-8 动力电池梯次利用相关政策标准

发布单位	政策与标准	相关规定	发布年份
国务院	《节能与新能源汽车产业发展规划(2012—2020)》	加强动力电池的梯级利用和回收管理,制定和建立相关管理体系,明确动力电池收集、存储、运输、处理、再生利用及最终处置等各环节的技术标准和管理要求	2012
国务院	《国务院办公厅关于加快新能源汽车推广应用的指导意见》	规定了动力电池梯次利用的经济激励措施和回收管理办法	2014
工业和信息化部	《新能源汽车废旧动力蓄电池综合利用行业规范条件》	对动力电池综合利用行业的企业布局与项目建设条件、规模装备和工艺、资源综合利用及能耗、环境保护要求、产品质量和职业教育、安全生产等多个方面进行规范	2016
工业和信息化部	《新能源汽车废旧动力蓄电池综合利用行业规范公告管理暂行办法》	明确了动力电池综合利用企业的申请资格、审理流程和监督管理办法等	2016
国家发展改革委等多部委	《电动汽车动力蓄电池回收利用技术政策》	规定了动力电池设计与生产、电池回收、电池梯级利用的具体流程以及相关激励促进措施	2015
国家标准化管理委员会	GB/T 34013 电动汽车用动力蓄电池产品规格尺寸	规范了动力电池的尺寸、结构和编码体系,制定了动力电池回收分类机制,明确了回收处理责任主体,并为动力电池梯次利用的检测方法和评价标准提供了参考依据	2017
国家标准化管理委员会	GB/T 34014 汽车动力蓄电池编码规则		2017
国家标准化管理委员会	GB/T 34015 车用动力电池回收利用余能检测		2017
工业和信息化部等多部委	《新能源汽车动力蓄电池回收利用管理暂行办法》	规范了电池设计、生产及回收过程的主体责任,明确了建立溯源信息系统与梯次利用回收管理体系	2018
工业和信息化部等多部委	《新能源汽车动力蓄电池回收利用溯源管理暂行规定》	要求建立新能源汽车国家监测与动力蓄电池回收利用溯源综合管理平台,对动力电池生产到回收全过程进行信息采集,对各环节主体履行回收利用责任情况实施监测	2018
工业和信息化部等多部委	《新能源汽车动力蓄电池回收利用试点实施方案》	建立完善动力电池回收利用体系,探索形成动力蓄电池回收利用创新商业合作模式	2018

随着新能源汽车产销量的逐年增长，动力电池的回收利用与管理问题也开始逐步显现。针对动力电池的梯次利用，国家也相继出台了一系列政策标准，对行业进行引导规范，见表3-8。从《节能与新能源汽车产业发展规划（2012—2020）》开始明确指出了加强动力电池梯级利用和回收管理，"制定动力电池回收利用管理办法，建立动力电池梯级利用和回收管理体系，明确各相关方的责任、权利和义务"。此后，工业和信息化部、国家发展改革委、国家标准化管理委员会等多部委分别制定了多项政策措施，针对动力电池的生产到回收全过程，从责任主体、技术流程、检测方法、管理体系等多个方面，对动力电池的多层次、多用途利用与综合管理进行了全面细致的规范。

3.3.2 动力电池梯次利用的基本流程

1. 退役电池的拆解

电动汽车车载动力电池系统一般由数千只动力电池组成，一般采用先并联后串联的方式配组。如图3-33所示，以特斯拉的电池系统为例，首先将数十只单体电池并联组成一个电池模组，再将数十个电池模块串联组成电池模块，最后将几个乃至几十个电池模块串联组成电池系统。不管是对退役电池进行梯次利用还是对退役电池单体的特性研究，都得要先将电池模块结构进行拆分，得到单体电池。并且要建立专门的电池存储仓库，对拆解下来的电池进行安全有序的放置和管理。

（1）退役电池组拆解

退役电池组拆解，指的是使用专用的电池箱拆解工具，对退役电池组进行分解的过程。分解过程中，需要去除电池的保护板或者 BMS 等电器元件，并利用工具逐步拆解内部电池模块。对于没有破损或严重鼓胀变形的电池模

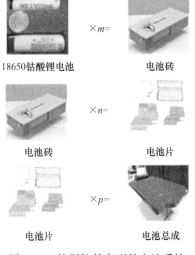

图 3-33 特斯拉某车型的电池系统

块，一般不进行破坏式的破壳和拆解，因为拆解下来的外壳大部分还可再利用。

（2）电池模组拆解

根据需要，可以对电池模组进行拆解，也就是将串联或并联的单体电池间的连接部分解开，以得到分割后的电芯单体。需要注意的是：部分连接的解除需用到解焊装置，要注意保护电芯，避免短路，否则会影响电池的性能和寿命，不利于梯次利用。

2. 退役电池特性研究

退役动力电池的特性研究包括以下项目：退役电池安全性、容量分布特性、不同倍率放电特性、不同温度放电特性、自放电特性、存储特性。

实验方法和结果分析参照相关的国家标准执行。

（1）退役电池安全性评估

由于退役电池已经在电动交通工具上使用了几年，进行了几百次甚至上千次循环，电池的内外特性均发生了一定变化，因此退役电池的安全性是其能否进行梯次利用的至关重要的条件。需要考察动力电池在电动汽车上循环使用过程中引起的电池安全和质量问题，如外壳密封性、内部微短路情况、活性材料脱落等。

为了保证退役电池梯次利用的安全性，需要抽样对退役电池的安全性能测试，如果测试合格，退役电池方可投入使用，否则无法进行梯次再利用。按照相关行业及企业标准，退役电池的安全性能测试项目一般分为4类：

1）电学测试：过充电、过放电、外部短路、强制放电等；
2）机械测试：冲击、针刺、挤压、振动、跌落等；
3）热测试：高低温循环、微波加热、燃烧测试等；
4）环境测试：高度模拟、抗菌测试等。

要保证电池在以上测试条件下不出现冒烟、着火、爆炸等现象即为合格。

这里随机抽取了退役电池中的6个电池进行了安全性检测，测试结果见表3-9。表中结果表明，该批退役电池安全性无问题。

表3-9 退役锂离子电池各个参数在安全性检测前后的变化

	项目	短路	针刺	挤压	高温	过放电	过充电	跌落
测试前	内阻/mΩ	2.30	2.40	1.80	2.40	2.50	2.40	/
	电压/V	3.36	3.35	3.36	3.36	3.30	3.30	/
	直径/mm	6.99	6.90	6.90	7.13	6.86	6.88	/
测试后	内阻/mΩ	14.70	4.00	3.10	3.00	3.10	52.90	/
	电压/V	3.27	3.33	3.31	3.34	2.47	3.96	/
	直径/mm	/	/	/	7.22	6.68	/	/
初始温度/℃		25	25	23	/	/	30	/
最高温度/℃		82	27	27	/	/	33	/
现象		合格	合格	合格	合格	合格	合格	/

（2）退役电池容量及其分布规律研究

容量是研究退役电池性能变化最核心的参数之一。抽样选取若干个（本案例选取113个）外观良好的退役电池对其做容量评估测试，再取若干个（本案例为

12个）该型号的刚出厂电池做对比测试。部分测试结果记录见表3-10。

表 3-10　新旧电池容量对比

出厂电池编号	容量/(Ah)	退役电池编号	容量/(Ah)
1	5.74	1	4.20
2	5.51	2	4.18
3	5.51	3	3.72
4	5.52	4	3.38
5	5.62	5	3.49
6	5.57	6	3.26
7	5.57	7	3.42
8	5.54	8	3.41
9	5.57	9	3.58
10	5.60	10	2.92
11	5.62	11	3.84
12	5.60	12	3.03

图 3-34 是样本电池单体容量分布及拟合统计分布曲线。其中，实验设备为多通道充放电测试仪，测试条件为室温。

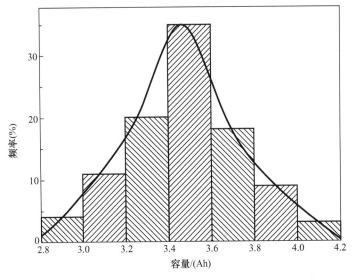

图 3-34　退役电池容量分布

从图 3-34 中可以看出，电池容量的相对比例分布曲线符合正态分布特征，尤其是当样本容量 $n>100$ 的情况下。根据文献报道，已有人做了 K-S 检验及 S-W 检验论证，并检验了同批次退役电池的容量大致呈正态分布[19,20]，为此，这里将通过对以上曲线进行正态分布拟合，得到

$$f(x) = \frac{1}{\sqrt{2\pi}\sigma} \exp\left(-\frac{(x-\mu)^2}{2\sigma^2}\right) \tag{3-21}$$

式中，$f(x)$ 为电池数目的相对比例；x 为电池组的实际容量；μ 为电池的平均容量；σ 为分布的离散性。

出厂容量：$\mu = 221.15 \text{Ah}$，$\sigma = 1.23$

重检容量：$\mu = 187.45 \text{Ah}$，$\sigma = 31.33$

从表 3-10 可以看出，电池出厂时容量基本集中在 5.5Ah，这是由于该型号的单体电池额定容量是 5Ah，根据国家行业标准，电池出厂的实际容量应为额定容量的 110%，即 5.5Ah。同时由于生产的一致性要求，电池容量的一致性也比较好，经过分容、配组、组装后容量严重偏差的电池被从体系里剔除了，所以电池出厂时的容量分布更为集中。

而经过电动中巴使用退役下来的电池，其内部结构发生了不可逆的改变，并随使用时间和使用频次的不断累积，导致电池容量整体下降。容量衰减到了最大 4.2Ah，最小 2.92Ah，平均值为 4.13Ah，衰退率约为 25%，极差为 1.28Ah。从容量分布结果也可以看出，退役后电池的容量均值也较出厂时有较明显的衰减，同时离散程度也有所增大。

由此得出结论，和新电池相比，退役电池的容量发生衰减，并且电池之间的容量一致性下降明显。这是由于电池在电动汽车中所安放的位置不同，振动程度、温度、连接情况存在的差异使得电池容量的衰退会呈现出不一致性。图 3-35 所示为电池包在某纯电动中巴内的分布情况。

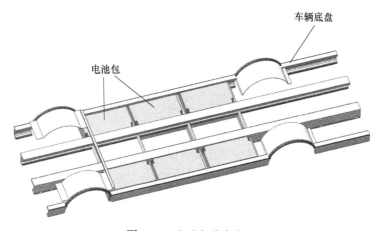

图 3-35 电池包分布位置

（3）退役电池电压一致性研究

通过电池测试仪测量电池的开路电压（OCV），虽然单一测量开路电压意义并不大，因为电压会随着电池的 SoC 不断改变。但可以剔除掉电压异常且已经无法进行充放电的电池，同时可以考量电池一致性的好坏。

用数字万用表直流电压档检测电池组内各单体电池正负两端，并记录读数，即为电池组各单体电池的静态开路电压。表3-11、图3-36为16个样本退役单体电池的静态开路电压的统计结果及其分布。

表3-11 各单体电池静态开路电压

单体电池编号	静态开路电压/V	单体电池编号	静态开路电压/V
1	3.328	9	3.329
2	3.328	10	3.343
3	3.329	11	3.326
4	3.340	12	3.337
5	3.330	13	3.329
6	3.330	14	3.330
7	3.330	15	3.345
8	3.329	16	3.338

实验结果显示，退役电池的开路电压绝大部分仍处在3.32~3.35V区间，最大偏差为19mV，同出厂时成组电池之间压差小于10mV的要求相比，一致性保持良好。这说明电池的循环使用，对于开路电压的影响比较小。

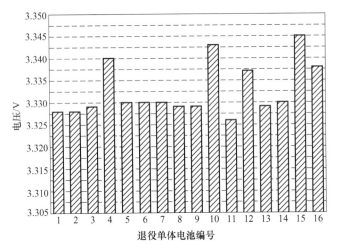

图3-36 各退役单体电池静态开路电压对比

（4）退役电池自放电特性

自放电是指电池在不与外电路连接时，由内部自发反应引起的电池容量损失的现象。自放电的影响因素有：正极材料的制作工艺、电池的制作工艺、电解质的性质、温度、时间等。电池满充后开路放置一段时间，会有自放电情况发生，造成容量可逆以及不可逆的衰减，尤其是退役电池，自放电现象更加严重，因此有必要对退役电池的自放电现象进行研究。

自放电的大小,可以用自放电率来表示,即容量减少率。在已知退役电池容量的基础上,自放电的测试方法如下:

1) 将退役单体电池充满;

2) 在40℃下开路放置7天;

3) 将电池放电直至放空,记录放电电荷量 Q,即为电池发生自放电后的剩余保持电荷量;

4) 自放电率 $X\% = (Q_{评测} - Q_{放出})/Q_{评测} \times 100\%$,其中 $Q_{评测}$ 是事先根据电池评测得到的该电池的最大容量。

以下选取16个退役电池作为样本进行自放电测试,研究退役电池的自放电特性。

由表3-12可以看出16个退役电池在40℃下一周时间的自放电率大部分在3%左右,个别电池的自放电率高出5%。与新电池同等条件下仅为1%左右的自放电率相比,退役电池的自放电率确实显著增大。通过对比样本电池的自放电率和内阻谱曲线,发现自放电率高的几个电池内阻均偏大,因此可以得知内阻特性变差的电池其电荷保持性能也随之下降。

表3-12 某退役电池自放电率测试

电池编号	1	2	3	4	5	6	7	8
当前容量/(Ah)	4.20	4.18	3.72	3.38	3.49	3.26	3.42	3.41
7天后容量/(Ah)	3.97	4.04	3.59	3.29	3.36	3.15	3.33	3.29
自放电率(%)	5.43	3.37	3.53	2.63	3.68	3.33	2.72	3.57
电池编号	9	10	11	12	13	14	15	16
当前容量/(Ah)	3.58	3.90	3.84	3.03	3.56	2.92	3.05	3.65
7天后容量/(Ah)	3.40	3.75	3.70	2.93	3.47	2.80	2.95	3.53
自放电率(%)	5.14	3.86	3.59	3.36	2.43	3.96	3.16	3.34

(5) 退役电池随放电倍率特性研究

选取退役电池样本,将其保持在常温的环境下,分别以0.2C、0.5C、1C、2C的电流进行恒流充放电测试,分析电池不同倍率条件下的放电容量。

具体实验步骤见表3-13。

表3-13 放电倍率测试流程

操作顺序	操作	限制条件
1	将电池充满	截止电流为0.1C
2	搁置	5min
3	对电池以 n_i 的倍率进行放电	截止电压2.2V
4	搁置,记录 n_i 倍率下的放电容量	5min
5	若 $i<4$,则跳转回步骤1,同时 $i=i+1$;否则测试结束	

其中 $i=1$、2、3、4，n_i 分别对应 0.2C、0.5C、1C、2C。实验数据由上位机以 Excel 表格的形式保存，在 Excel 表格中，一共有三个参数，分别为放电电流（单位为 A）、放电电压（单位为 V）和放电容量（单位为 Ah）。其中，前两个参数为直接得到的结果，最后一个参数为人工计算结果。放电容量值就是放电电流对放电时间的积分，所以，在放电电流已知的前提下，只要知道放电时间就可以计算出放电容量。测试结果记录见表 3-14。

表 3-14 某退役电池在不同倍率放电下的放电容量

放电倍率	放电容量/(mAh)	放电倍率	放电容量/(mAh)
0.2C	4937.7	1C	4884.2
0.5C	4902.7	2C	4820.8

测试实验电池的当前最大容量为 5.05Ah，随着放电倍率的增大，退役电池的放电容量所占最大容量的百分比在减小。尤其在 2C 时，电池的实际放电容量只占当前最大容量的 70% 左右，如图 3-37 所示。这是由于放电电流越大，产生的极化电压越大，端电压越早达到限制电压，所以电池二次利用时的放电电流最好不超过 2C，在不大于 1C 的放电策略下工作性能较优。也就是说，车载淘汰锂离子动力电池梯次利用适合投入到小倍率的放电工况中。

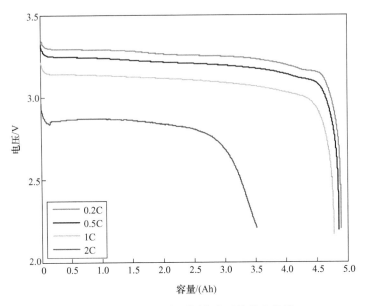

图 3-37 退役电池在不同倍率下的放电曲线

（6）退役电池随温度特性研究

考察退役电池在 25℃ 充满电以后，在不同温度环境下对电池以 1C 放电的放电容量变化,实验步骤参考表 3-13 的测试流程。

测试结果记录见表 3-15。

表 3-15 某退役电池在不同温度下的放电容量

温度/℃	放电容量/(mAh)	温度/℃	放电容量/(mAh)
-20	2564.9	20	4143.9
0	3451.4	40	4627.7

图 3-38 是在不同的环境温度下,电池放电电压与放电容量的对应曲线。

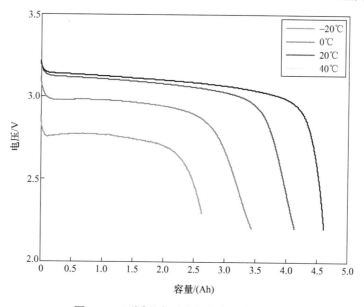

图 3-38 不同温度下退役电池的放电曲线

可以看出:在不同环境温度下,虽然放电倍率相同,但是电池容量的衰减速率不同。在低温环境下,电池容量衰减很快,-20℃的条件下,电池放电容量约为室温时的 60%。电池的放电容量随着温度的升高而增加。

此实验要保证电池在充放电的过程中温度保持恒定。研究结果表明,退役电池的低温放电性能较差。这是因为,低温时锂离子嵌入碳负极的扩散速度比锂离子从碳中脱出时的扩散速度更慢,因此,低温条件进行充电时,负极容易造成锂的析出与沉积。由于沉积出的金属锂比表面积大,反应活性极高,易与电解液发生不可逆反应,导致电池负极表面膜的阻抗进一步增大,电池极化再次增强,电池的电压降低。而且,这种对锂金属周而复始的消耗,将使得电池中的"活性锂"含量逐渐减少,循环稳定性下降。

(7) 退役电池存储特性研究

由自放电特性研究我们知道,电池在不工作搁置的情况下会产生微小的容量损失，且部分容量损失是不可恢复的，这是由于电池内部的电解液和极板的老化造成的。并且我们发现，不同的 SoC 下，电池的容量损耗率也有差别。

为了使得实验效果更加明显，将 SoC 分别为 0、50%、100% 的退役动力电池，在 70℃ 下放置一个星期，根据放置前后的电池容量计算电池损耗率，测试结果见表 3-16。

表 3-16 不同 SoC 状态下的退役电池容量损耗率

不同状态的电池 （SoC）	放置前电池 容量/（Ah）	放置后电池 容量/（Ah）	容量损耗率 （%）	外观变化
0	19.496	17.351	11	严重鼓胀
50%	19.239	18.469	4	鼓胀
100%	19.352	17.416	10	严重鼓胀

由实验结果得到以下结论：

1）不同 SoC 的电池在长期搁置的过程中，容量损耗有差别：在满电和零电状态下的电池容量损耗比较明显，在半电状态下的电池容量损耗最小。因此，电池半电情况下存储最为有利。

2）电池在室温下搁置一段时间之后，气胀现象基本消失，这是因为电池在室温条件下，正负极表面 SEI 膜发生变化，消耗了之前生成的气体。

3.3.3 退役电池分选指标研究

1. 退役电池的分选指标

本节希望提出一些简单的分选指标，能把从电动汽车或者其他系统里拆卸下来的电池进行分选。由于进行梯次利用的电池都已经经历过一定时间的使用，为了保证电池的使用寿命和使用安全，这里只考虑退役电池的工作温度为常温（20~25℃），充放电倍率不大于 1C 的用户使用条件。

（1）用户指标

一般地，用户对于电池的要求都可以归结为"能量"和"功率"这两个指标。针对某一种特定的应用场景，用户会提出功率 P 要求以及能量 E 要求。例如，某个计算机机房内要利用退役的电池配置一个不间断电源（Uninterruptible Power System，UPS），该 UPS 需要配置的单体电池的要求是：输出功率不小于 32W，并且能持续工作 3h，即放出 96Wh 的能量。

由于退役电池的性能特性相比新电池有较大的差异性，根据需求的不同梯次选择多个用户，可以充分利用退役电池的剩余性能。在梯次利用的分选过程中，除了判断电池是否满足不同用户的使用需求之外，还需要根据不同电池的劣化状态进行分选并考虑各个电池单体搭配在一起使用时的一致性问题，才能实现电池的梯次利用。为了验证电芯能否满足用户提出的指标,在完成电池劣化状态评测之后,可以通过模拟每个单体电芯在不同用户需求下的工作性能,根据模拟结果将电芯匹配给不同的用户。在分选前还可以先将用户对电池的性能要求由高到低进行排序,如三个用户对电池性能要求的排序是用户1>用户2>用户3,能满足用户1需求的退役电池,也能满足用户2和用户3的需求,在梯次利用的过程中优先考虑用户1可以充分利用退役电池的性能。具体的分选流程如图3-39所示。

(2) 分选指标

为了解决上面分选方法的实际应用困难,实现分选流程的简化,在分选方法中的特性测试阶段,我们根据特性测试的内容,尝试选择电池容量 Q、平衡电势 $\overline{U}$ 和直流等效放电内阻谱 $r(z)$ 替代用户的需求指标 P 和 E 作为退役电池的分选指标。这三个分选指标,都可以在退役电池进行特性测试时获得,其中,容量测试可以获得退役电池当前的容量 Q,直流放电等效内阻测试可以获得退役电池的平衡电势 $\overline{U}$ 和等效放电内阻谱 $r(z)$。在充放电等效内阻谱中选择放电内阻是由于用户指标一般是根据电池放电时的工作情况提出的。同时,这三个指标可以推导出不同用户对电池的使用需求指标 P 和 E。下文将具体说明这一推导过程。

假设电池的 SoC 为 z,根据本节对用户使用条件的规定,充放电倍率不大于1C可以表达为

$$I(z) \leq I_{\max}(z) = \frac{Q(\mathrm{Ah})}{1(\mathrm{h})}(\mathrm{A}) \tag{3-22}$$

同时,电池的工作电压 U_s 不能超过厂家规定的截止电压:

$$U_1 \leq U_s(z) \leq U_h \tag{3-23}$$

式中,U_h、U_l 分别对应厂家规定的电池工作电压的上限和下限。

根据直流等效内阻的计算公式

$$r(z) = [\overline{U}(z) - U_s(z)]/I(z) \tag{3-24}$$

可以求得电池的工作电压 U_s 为

$$U_s(z) = \overline{U}(z) - I(z) \times r(z) \tag{3-25}$$

由于电池的平衡电势 $\overline{U}$ 在工作倍率不大于1C时,受电流影响的变化很小,因此当电流取允许的最大值 $I_{\max}(z)$ 时,可以根据式(3-25)求得对应的工作电压曲线,从而求得电池的最大功率谱 $P_{\max}(z)$ 为

$$P_{\max}(z) = I_{\max}(z) \times U_s(z) \tag{3-26}$$

如果

$$\min P(z) \geq P \tag{3-27}$$

则电池满足了用户的功率需求 P,令

$$P(z_0) = P \tag{3-28}$$

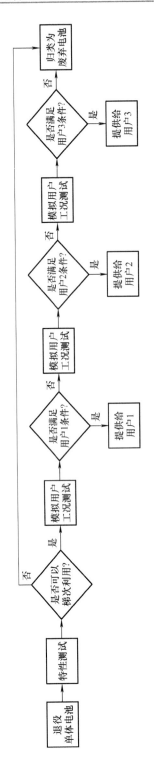

图3-39 基于模拟用户需求的退役电池分选流程

可以求得满足功率需求的 SoC 最小值 z_0，从而可以利用式（3-29）求得电池可以放出的总能量 E：

$$E = Q \times z_0 \tag{3-29}$$

如果

$$E \geqslant E \tag{3-30}$$

则可以认为该退役电池满足用户的使用需求。

利用这种方法，可以针对不同用户需求对电池性能进行快速推算，从而提高了分选的效率，降低了分选的成本。

2. 退役电池的分选

利用上面所述的分选指标，下面在基于模拟用户需求的退役电池分选方法的基础上进行改进，提出一种基于分选指标的退役电池梯次利用方法，整个方法包括建立数据库、电池初选、电池测试、分选利用四个步骤。具体的分选流程如图 3-40 所示。

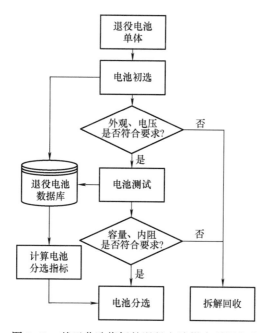

图 3-40 基于分选指标的退役电池梯次利用方法

为了验证分选指标和分选方法能否满足退役电池梯次利用的实际需求，我们用该方法对某厂家待分选的 1000 个退役 $LiFePO_4$ 电池进行了分选尝试，并结合实际的分选情况对分选方法进行具体的解释和说明。

厂家在分选前，对计划使用退役电池的用户需求进行了统计，根据用途的不同，用户对退役电池的使用要求也各不相同。表3-17列出了三个用户的使用场景和对退役电池的具体要求。

表3-17 用户的使用场景及电池要求

用户	使用场景	功率P/W	能量E/(Wh)
A	计算机机房UPS	32	96
B	太阳能风力路灯系统	4.8	33.6
C	家用应急电源	16	32

(1) 建立数据库

由于退役电池数量较多，为了方便管理和分选，本节提出利用数据库对与梯次利用相关的信息进行存储、计算和利用。退役电池数据库主要包含四部分数据：①用户需求数据。主要用于存储不同用户对退役电池使用需求，包括电池使用场景、功率和能量需求、数量需求等信息。②退役电池单体的基本参数。主要包括电池的外观尺寸、电压电流上下限、工作温度等参数，这些数据可以为退役电池的初选提供依据。③电池特性测试数据。存储通过容量测试和内阻测试获得的各个退役电池的分选指标。④用户指标推算数据。根据本节的推算方法，推算各个退役电池的最大功率谱和在不同用户需求下的能量数据，作为电池分选的主要依据。

(2) 电池初选

电池初选是通过简单易行的分选方式，对电池进行初步筛选，剔除明显不能正常使用的电池。初选具体包括外观分析和电压筛选两个步骤。通过外观分析可以剔除存在气胀、漏液、变形等外观不良的电池。电池出现这些现象通常是由于在使用过程中内部发生了如电解液分解、电极材料结构坍塌等不良反应，因此外观不良的电池其性能很有可能受到了较严重的影响，这类电池不应被用于梯次利用。除上述外观不良外，电池表面不完整，有明显划痕、压痕的电池，可能经历过碰撞挤压等不良环境，也应剔除。对于外观良好的电池，还需要对电池的开路电压进行测量。对于$LiFePO_4$电池，开路电压低于2.2V的都可以归类为不能正常工作的电池。对于未能通过初选的电池，可以通过拆解回收的方式实现循环利用。

一般来说，电池包能对电池起到一定的保护效果，在本案例拆解出的1000个退役$LiFePO_4$电池中，存在外观不良的单体电池较少，共计62个，占比6.2%。

(3) 分选指标测试

分选指标测试包括容量测试和等效直流放电内阻测试。通过这两个测试可以分别将容量过低、等效直流内阻过大等测试结果明显偏离正常指标范围的退役电池归类为不可梯次利用电池。同时，测试的结果也是梯次利用的分选指标。

以本案例为例，通过分选指标结果的筛选，共计有213个电池存在容量过低、等效直流内阻过大的情况，无法进行梯次利用，占比21.3%。这是由于电池组在

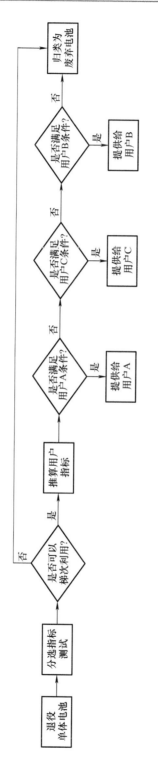

图3-41 基于分选指标的退役电池分选流程

使用过程中，不同电池单体的劣化程度存在一定的不一致性，这种不一致在电池组的使用过程中不断放大，使得某些单体电池会加速衰减直至失效。

(4) 梯次利用分选

通过初选和测试筛选的退役电池，满足了梯次利用分选的前提条件。在实际分选过程中，首先应利用分选指标推算出各个退役电池的最大功率谱和各个用户需求下的电池实际能量。将每一个退役电池的最大功率谱和各个用户需求下的电池实际能量与用户需求进行对比。对于每一个用户需求，对比结果只有两种：满足或不满足。若满足，则说明该电池适用于该用户需求；不满足，则留待用于其他要求更低的用户。若某一退役电池单体同时满足多个用户需求，则优先用于需求高的用户。对于所有用户需求均不能满足的电池，可以留待其他需求中使用，或进行拆解回收。

对通过上文分选步骤的 725 个退役 $LiFePO_4$ 电池，利用上文所述的方法估算它们的最大功率谱和各个用户需求下的电池实际能量，并依据用户需求从高到低依次进行对比，最终共有 657 个电池符合用户的需求，其中，249 个用于用户 A，316 个用于用户 B，92 个用于用户 C，梯次利用比率达到 65.7%。基于分选指标的退役电池分选流程如图 3-41 所示。

第4章 电动汽车SoC估算问题的深入讨论

在笔者的前两本书[1,2]里面，都对 SoC 的问题进行了讨论。其中，2011 年出版的第一本书[1]辨析了"SoC 估算"与"剩余电量"估算的联系与区别并比较了各种常用的 SoC 估算算法；而在 2014 年出版的第二本书[2]里，尝试对 SoC 估算的误差谱进行了分析，也就是分析了在不同的 SoC 下，特定的传感器误差可能造成的 SoC 估算误差的范围。

然而，在过去几年的工作实践中发现：很多时候不同的工程师对于 SoC 的定义有着不同的理解，导致相同的 SoC 算法也会得到不同的结果；又或者是对 SoC 的定义不明确，难以对 SoC 算法的准确性进行评判。

本章将对 SoC 的一些核心问题进行讨论，以便能科学指导 BMS 的开发工作。

4.1 对 SoC 概念的理解及存在的分歧

SoC 估算在 BMS 的软件策略中居于核心地位，它是其他很多软件策略的基础，例如许多电池均衡策略就是基于 SoC 估算结果的。如果在同一个 BMS 开发队伍中对 SoC 概念的理解不一致，则对系统的效率和健壮性是有害的。

4.1.1 对 SoC 理解存在分歧

笔者发现，电池的 SoC 是一个很有趣的术语：人们承认其重要性，并提出各种各样不同的实现方法，但很少有文献对它的概念做出严格的界定，潜台词就是"这么简单的问题不用解释你也应该明白"。但实际上，如果不对 SoC 概念做出较为严格的界定，那么不同的人就会得到不同的结论，而且也难以对某个 SoC 估算方法进行验证。

然而，无论如何，对 SoC 这个概念，大多数人仍然是有一些基本共识的。
SoC 常用的定义如下：

$$\text{SoC} = \frac{\text{剩余可以释放的电荷}}{\text{电池的容量}} \times 100\% \tag{4-1}$$

式中的分子及分母，都以电量（而不是能量）的形式存在，其物理单位可以用"库仑"（C），也可以用"安时"（A·h 或简写为 Ah）表示，并且有

$$1\text{Ah} = 3600\text{C}$$

从式 (4-1) 的形式也不难发现，SoC 的取值范围是 [0, 1]，或者 0~100%。对 SoC 理解的分歧就在于对式中分子和分母的不同定义。

1. 如何定义"剩余可以释放的电荷"（Q_{remain}）？

剩余可以释放的电荷，即剩余电量，可以分为广义和狭义两种不同的理解，这点笔者曾在第一本书[1]中讨论过。

广义的剩余电量应该是所有可能发生的化学反应释放出来的电荷量的体现，即在不损坏电池的前提下，选择适当的温度和放电倍率所能释放的电荷的最大值；而狭义的剩余电量，指的是在限定的温度条件和放电倍率下，电池所能释放的电荷的多少。在常温和小倍率放电的前提下，广义剩余电量和狭义剩余电量的值几乎相等，但对于电动汽车的动力电池而言，由于汽车的工作环境温度变化可能较大，而且放电倍率也比较大，对于剩余电量理解的分歧会造成 SoC 估算结果的不一致，有时候这样的不一致甚至会超过 20%。

2. 如何定义"电池的容量"（Q_c）？

式 (4-1) 中，分数线的下方为"电池的容量"，但并未具体指出是哪种定义下的容量，对"容量"定义的分歧，也会导致对 SoC 概念理解的不一致。以下是几种主流的意见。

(1) 使用电池的额定容量

仍然有不少工程师，在定义 SoC 的概念时使用额定容量（Q_{rated}）。然而，笔者认为，使用额定容量并不合适，理由有以下两个方面：

第一，额定容量与实际容量（Q_{true}）是有区别的。表 4-1 给出的是 A、B、C 三个厂家所提供的全新的电池样本的实际电荷容量与额定值之间的对比。从表中可见，电池所能释放的实际电荷量与额定值并不完全相等。

表 4-1 三个全新电池样本实际电荷容量与额定值对比

(测试温度 25℃，放电倍率 0.02C)

	A 厂家样本	B 厂家样本	C 厂家样本
额定容量 Q_{rated}	100Ah	100Ah	80Ah
实际最大容量 Q_{true}	115Ah	103Ah	83Ah

第二，额定容量不能反映电池的老化。随着电池的老化，电池所能释放的实际最大电荷量也在不断变小。这一点很好地解释了为什么有些 SoC 算法对于新电池的 SoC 来说比较准确，但随着电池充放电循环次数的增加估算的偏差则越来越大。

(2) 将电池容量看作是劣化程度和"放电条件"的函数

有不少工程师，将式 (4-1) 中的"电池的容量"理解为

$$Q_c = k \cdot Q_{rated} \tag{4-2}$$

式中，k 是电池的额定容量之外附加的一个"补偿因子"，有

$$k = f(\sigma, \rho, \mu) \tag{4-3}$$

式中，σ、ρ、μ 分别为温度、电池放电倍率以及电池的老化程度。

事实上，对于一个满充的电池来说，所能释放的电荷的最大值受放电倍率、环境温度等因素影响，不是一个恒定值。表4-2 给出的是 A 厂家额定容量为 100Ah 的一个新的动力电池样本在不同温度、不同放电倍率条件下实际可释放的电荷量。

表 4-2　同一电池样本在不同温度下以不同倍率放电的容量

环境温度	放电倍率（电流）	0.2C（20A）	0.5C（50A）	1.0C（100A）
25℃		110Ah	105Ah	100Ah
40℃		112Ah	108Ah	103Ah

注：该电池样本额定电量为100Ah。

使用式（4-2）来估算 SoC 的好处是，不再将式（4-1）中的分母看作一个静态的值，而将其与电池老化后容量衰减、库仑效率、温度对电池放电倍率的影响等多方面动态的因素结合起来，使得 SoC 的估算值成为劣化程度和"放电条件"的函数，更符合实际。

然而，从补偿因子 k 的定义式（4-3）不难看出，虽然在某种程度上可以利用老化程度因素 μ 对电池的容量进行补偿，但是要得到 σ、ρ 与 k 的函数关系并不容易。不仅如此，后面我们会继续分析，自变量 σ、ρ 在电动汽车工作过程中，是一个变化的量，我们比较难提前预测环境温度以及放电倍率的值。

（3）定义电池的"最大容量"，并随着电池的老化而进行校正

在深入讨论电池的容量之前，不妨参考图 4-1，分析一下锂离子电池的工作原理。

一般地，在充电的过程中，锂离子在外电场的影响下从电池的正极逃离，通过电解液到达电池的负极，并"嵌入"到负极的空间里面，"住"了下来；而在放电过程中，负极柱大量失去电子，正极柱得到电子，"住"在负极的锂离子通过电解液，重新跑回正极去。

由图 4-1 可见，从某种意义上说，电池的容量实际上存在着一个较为客观的衡量指标，就是电池的负极柱能提供多少空间，供锂离子"住"进去。

也就是可以这样理解：如果一个电池被充满了，锂离子都嵌入到负极里面去了以后，所有嵌到负极的锂离子的总和就可以视作电池的容量。虽然由于某些微观的因素，这样的"总和"还会有微小的变化，但是我们仍然可以从宏观的层面去理解，电池负极容纳锂离子的总数是有限的，而这个限度的最大值，就定义为电池的容量。

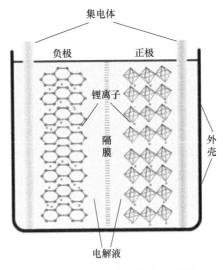

图 4-1 锂离子电池结构示意图

当然，随着电池的老化，这个"最大值"是会不断减小的，宏观层面上就表现为电池的容量在减少。但这个"最大值"不受电池放电倍率和放电时的环境温度影响，也就是说，与上面第（2）种理解相比，这个值不受"未来"的影响，是一个客观的数值。

4.1.2 SoC 与 SoP、SoE 的区别与联系

在电动汽车的实际工作中，有两个概念与 SoC 很接近，即 SoP（State of Power，功率状态）和 SoE（State of Energy，能量状态）。在笔者的第一本书[1]里面，曾经对 SoC 与 SoE 的联系与区别进行了辨识，本节希望对这三个容易混淆的概念进行辨析，并指出它们之间的联系。

1. SoP 的概念

对于电动汽车而言，SoP 可以被定义为某一特定时刻，电池组可以提供给电动机等各种电气负载的功率，可以简单地认为，SoP 是 SoC 及温度的函数，即有

$$\mathrm{SoP} = f(\mathrm{SoC}, T) \tag{4-4}$$

SoP 常常作为一个实时的参数由 BMS 提供给电动机控制器以及电动汽车内的其他控制电气系统，用来表征此时此刻电池所能提供的功率大小。在实际工作中，SoP 的单位有时候是功率单位瓦特（W），也有时候是电流单位安培（A），这是因为通常 BMS 会同时提供电池组的总电压，而总电压与电流的乘积恰好是电池组所能提供的总功率，因此也可以只通过电流来表达。

实际上，对于很多电动汽车的动力系统来说，BMS 不仅要估算特定时刻电池

组对外输出的功率 SoP，还要提供电池组允许充电的最大功率 SoP_2。SoP_2 一方面要通过通信总线发送给电动机，告诉电动机在进行制动能量回收的时候不能超过某个极限值，另一方面要结合充电策略发送给充电机，以免充电机提供的充电电流过大而损坏电池。为了与 SoP 进行区分，我们不妨定义电池组所能提供的放电最大功率为 SoP_1。

2. SoE 的概念

顾名思义，SoE 指的是电池剩余能量，可以使用百分比符号（%），也可以使用能量的单位焦耳（J）表示，但在电动汽车中，很多时候使用 kWh 作为单位，也就是人们经常所说的"还剩下多少度电"。有以下的换算关系：

$$1 \text{Wh} = 3600 \text{J} \tag{4-5}$$

$$1 \text{kWh} = 3600000 \text{J} \tag{4-6}$$

然而，仔细分析一下，SoE 也有两个层面的意义。首先指的是某个时刻，电池组所携带的"化学能"，用 SoE_0 来表示；其次是指电池组可以提供给负载使用的能量，用 SoE_1 来表示。

实际上，与电动汽车的续航里程相关的，并非动力电池的剩余能量 SoE_0，而是动力电池所能对外输出的能量 SoE_1。但是，SoE_1 并不只有 SoC 一个自变量，它还随着不同的温度以及放电电流大小而改变，即

$$SoE_1 = f(SoC, T, I) \tag{4-7}$$

式中，I 就是电池组的放电电流。

也就是说，在电池剩余电量相同的情况下，如果以不同大小的电流放电，动力电池所能对外释放的能量是不同的。这点已经在笔者的第一本书[1]里进行了论述。

3. SoC 与 SoP_1、SoE_1 的关系

根据前面两点的分析，我们不难体会到，电动汽车的使用人实际上更加关心的不是 SoC，而是 SoP_1 和 SoE_1，因为前者 SoP_1 反映了电池组此时此刻所能提供的最大功率，这意味着搭载该电池系统的电动汽车能不能在某个斜坡上起步，又或者能不能在高速公路上跑到某个特定的速度（例如 100km/h）；而后者 SoE_1 一般对应着车辆接下来还能行驶多少千米。

由前面的式（4-4）和式（4-7），可以得出 SoC 与 SoP_1、SoE_1 的关系，如图 4-2 所示。

由图中可见，SoP_1 可以由 SoC 与温度 T 推出。具体而言，由式（4-4）有

$$SoP_1 = f(SoC, T) = u_P I_P \tag{4-8}$$

式中，u_P 是指电池获得最大功率时的工作电压；I_P 是指电池获得最大功率时的工作

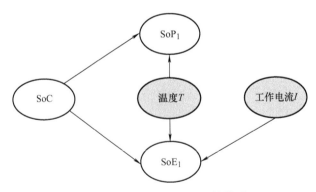

图 4-2 SoC 与 SoP_1、SoE_1 的关系

电流，两者相互约束，决定电池的最大功率 SoP。从电压角度分析，有

$$u_1 = \text{EMF}(\text{SoC}) - I \cdot r(\text{SoC}, T) \tag{4-9}$$

或

$$I = [\text{EMF}(\text{SoC}) - u_1]/r(\text{SoC}, T) \tag{4-10}$$

式中，$r(\text{SoC}, T)$ 是电池的内阻，它受 SoC 和温度 T 的影响；u_1 为电池的放电截止电压；I 为达到 u_1 时的对应电流。若 $I < I_{\max}$，其中 $I_{\max}$ 为电池允许的最大放电电流，此时 $u_P = u_1$，$I_P = I$，则有

$$\text{SoP}_1 = f(\text{SoC}, T) = u_1 I = u_1 \cdot [\text{EMF}(\text{SoC}) - u_1]/r(\text{SoC}, T) \tag{4-11}$$

从电流角度分析，有

$$u = \text{EMF}(\text{SoC}) - I_{\max} r(\text{SoC}, T) \tag{4-12}$$

若 $u > u_1$，则有 $u_P = u$，$I_P = I_{\max}$，则有

$$\text{SoP}_1 = f(\text{SoC}, T) = u I_{\max} = I_{\max} \cdot \text{EMF}(\text{SoC}) - I_{\max}^2 \cdot r(\text{SoC}, T) \tag{4-13}$$

SoE_1 可以由 SoC、温度与工作电流推出。具体而言，式 (4-7) 的具体形式为

$$\text{SoE}_1 = f(\text{SoC}, T, I) = \frac{\int_{t_0}^{t} u(\tau) i(\tau) \mathrm{d}\tau}{E_N} \tag{4-14}$$

其中，电池从 t_0 时刻开始放电，至 t 时刻放空。$u(\tau)$、$i(\tau)$ 分别是放电过程中的电压、电流变化；E_N 为电池的名义能量。工作电压 $u(\tau)$ 可表示为

$$u(\tau) = \text{EMF}(\text{SoC}(\tau)) - i(\tau) \cdot r(\text{SoC}(\tau), T(\tau)) \tag{4-15}$$

当以某恒定电流 I 进行放电时，有

$$\text{SoE}_1 = f(\text{SoC}, T, I) = \frac{\int_{t_0}^{t} I \cdot \text{EMF}(\text{SoC}(\tau)) - I^2 \cdot r(\text{SoC}(\tau), T(\tau)) \mathrm{d}\tau}{E_N} \tag{4-16}$$

由上面的分析可知，SoP 和 SoE 这两个概念与 SoC 是有区别的，但可以根据 SoC 结合温度、电流工况等其他因素推导得到。其中，影响电池组输出功率

（SoP）的关键因素是温度（T），而 SoE 除了要考虑将来的温度以外，还要考虑汽车行驶的电流工况（I）。

4.2 模型参数化及其在线识别

电池 SoC 的估算离不开高精度的电池模型。电池模型一方面需要考虑模型结构是否符合电池原本的电化学特性，另一方面也取决于模型参数取值是否精确。当模型结构确定后，电池随环境条件的变化特性将由模型参数体现，因此模型参数应该是外部环境条件的函数，在利用模型估计电池行为时应能根据工况实时调整。参数更新可以根据事先测定的测试数据进行调整，也可以根据电池实时电压电流信息，结合最优估计理论在线调整。根据不同的应用条件，本节介绍离线扩展与在线识别两种参数更新方法。

4.2.1 动力电池的等效电路模型

等效电路模型通过电阻、电容、电感等基本电气元件对电池的外特性进行表达，将电池内部特性等效为明确的电路模型，因此易于理解且计算效率较高。相比于电化学模型，等效电路模型的参数相对较少，求解过程简单，因此广泛应用于电池的实时管理。

早期的等效电路模型由电化学原理简化得到，包括 Shepherd 模型、Unnewehr 通用模型与 Nernst 模型[21-23]。通过综合上述模型的特点，可以获得组合模型，建立了荷电状态（SoC）与端电压的关系

$$y_k = K_0 - R\, i_k - \frac{K_1}{z_k} - K_2 z_k + K_3 \ln(z_k) + K_4 \ln(1 - z_k) \tag{4-17}$$

在此基础上，通过考虑电池的滞回效应、库仑效率以及充放电内阻差异等，可发展出多种模型结构形式，如零状态滞回模型、单状态滞回模型、自修正模型等，Plett 对此进行了详细介绍与对比[24]，但这类模型本质上是对开路电压与等效内阻的优化，并未涉及电池的极化效应。为此，可以通过引入阻容网络表现电池电化学极化与浓差极化等过程，其中包括 PNGV 模型、GNL 模型、各阶阻容网络模型等[25-27]，根据阶数不同，阻容网络模型可细分为 Rint 模型、Thevenin 模型、DP 模型等[28,29]，随着阻容网络阶数增多，其模拟精度随之提高，但同时也增加了计算量。

总体而言，等效电路模型并不考虑电池真实的工作机制，只通过外特性相近的电路结构进行模拟近似，因此精度受到限制。为了提高模型精度，可以从优化参数识别方法与调整模型结构两个角度进行。为此，本章 4.2 节针对模型参数介绍两种识别方法，4.3 节则通过引入分数阶对传统的阻容网络模型进行优化。

4.2.2 模型参数的离线扩展方法

模型参数的离线扩展方法通过电池特性测试,根据电池模型推导电池的零响应方程,利用搁置过程的回弹电压值拟合,获得不同条件下的电池参数,并建立特性参数数据库,在应用中通过多维查询方法获得当前条件下的最优参数值。

根据电池特性测试中的直流等效内阻测试(详见笔者第一本书[1]),可获得若干个对应不同 SoC 的回弹电压曲线,如图 4-3 所示。通过对静置过程的电压响应进行最小二乘拟合,可获得各 SoC 下的模型参数。本节以 n 阶 RC 网络模型为例,介绍基于零输入响应时域方程的参数识别方法。

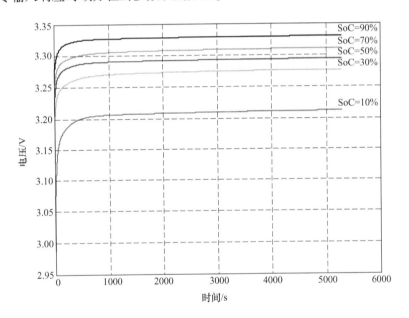

图 4-3 不同 SoC 下的回弹电压曲线

从 3.2.3 节分析可知,电池欧姆内阻可通过撤去电流激励后的瞬时回弹电压获得:

$$R_\Omega = \frac{U_D - U_B}{I} \tag{4-18}$$

同时,在电池静置过程中,电池两端的电压满足

$$u(t) = U_c - IR_1 e^{-\frac{t}{R_1 C_1}} - IR_2 e^{-\frac{t}{R_2 C_2}} - IR_n e^{-\frac{t}{R_n C_n}} \tag{4-19}$$

式中,R_1、C_1、R_2、C_2 … R_n、C_n 为 $2n$ 个待定的极化内阻和极化电容参数;I 为实验要求的放电电流值;U_c 为充分回弹后的电压,两者均可视为常数;t、$u(t)$ 对应

于测试过程中的采样数据。求解这些待定参数,则可根据最小二乘非线性回归获得。

模型参数一般是在特定环境条件下获得的,对于不同温度、倍率与SoC,所得参数取值也不同,因此模型参数是设计不同因素共同作用的多维函数。当需要提取模型时,可通过输入不同条件进行查询,若预载数据中恰好存在与当前条件相同的数据,则可以直接读表获取。但由于测试时间与资源有限,一般较难覆盖所有环境条件进行测试,因此在样本测试无法覆盖的条件下如何取值是离线参数识别的关键问题。本节通过多维数据扩展,利用已知的测试参数循环插值,获得任意条件下的待测参数,解决模型参数的取值问题。

首先对电池工作条件均匀划分并取值,如温度取0℃、10℃、20℃、30℃、40℃、50℃,电池容量取5Ah、10Ah、20Ah、50Ah、100Ah,剩余电量为20%、40%、60%、80%、100%。将上述电池工作条件进行组合形成125种电池工作条件,在这125种条件下对实际的动力电池进行测试,从而获得125组待测参数数据,由于剩余电量的变换可以在同一次测试中进行,因此实际测试次数为25次,完成了样本数据库的建立。样本数据库的数据量越大,则越能精确描述动力电池在不同条件下的真实行为,但考虑到测试时间和成本与现有处理单元的存储容量,数据库不可能太大,也无法覆盖所有情况。

由于样本数据库只包含某些温度、电池容量、剩余电量的电池工作条件下的待测参数,如需获得任意工作条件下的待测参数,需要采用拟合扩展的方法计算获得。拟合方法可根据实际需要自由选择,本节考虑到工程中一般处理单元的计算能力,优选采用分段线性插值拟合以及三次样条插值拟合。其中,分段线性插值拟合方法为:

设已知节点 $a = x_0 < x_1 < \cdots < x_n = b$ 上的函数值为 y_0、$y_1 \cdots y_n$,则对任意 $x \in [a, b]$,有

$$\varphi(x) = \frac{x - x_{i+1}}{x_i - x_{i+1}} y_i + \frac{x - x_i}{x_{i+1} - x_i} y_{i+1} (x_i \leqslant x \leqslant x_{i+1}) \tag{4-20}$$

对于 $x \notin [a, b]$ 的点可采用外插值,即

$$\varphi(x) = \frac{x - x_1}{x_0 - x_1} y_0 + \frac{x - x_0}{x_1 - x_0} y_1 (x < x_0) \tag{4-21}$$

$$\varphi(x) = \frac{x - x_n}{x_{n-1} - x_n} y_{n-1} + \frac{x - x_{n-1}}{x_n - x_{n-1}} y_n (x_n < x) \tag{4-22}$$

三次样条插值拟合方法为

$$\varphi(x) = \frac{(x_i - x)^3}{6h_i} M_{i-1} + \frac{(x - x_{i-1})^3}{6h_i} M_i + \left(y_{i-1} - \frac{M_{i-1} h_i^2}{6} \right) \frac{x_i - x}{h_i} + \left(y_i - \frac{M_i h_i^2}{6} \right) \frac{x - x_{i-1}}{h_i}$$

$$\tag{4-23}$$

式中

$$h_i = x_i - x_{i-1} \tag{4-24}$$

$$d_i = \mu_i M_{i-1} + 2M_i + \lambda_i M_{i+1} \tag{4-25}$$

$$\mu_i = \frac{h_i}{h_i + h_{i+1}} \tag{4-26}$$

$$\lambda_i = \frac{h_{i+1}}{h_i + h_{i+1}} \tag{4-27}$$

$$d_i = \frac{6}{h_i + h_{i+1}} \left(\frac{y_{i+1} - y_i}{h_{i+1}} - \frac{y_i - y_{i-1}}{h_i} \right) = 6f(x_{i-1}, x_i, x_{i+1}) \tag{4-28}$$

假设已通过基础测试获得一组含有 125 个样本的基础数据库，如图 4-4 所示。模型的待识别参数中，每个参数与温度 T、电池容量 C 与剩余电量 S 具有特定关系。以极化内阻 R_s 为例，依据已有信息，计算温度 $T = 35℃$、电池容量 $C = 15Ah$、剩余电量 $S = 70\%$ 条件下的 R_s 取值，其他参数获取方法类似。

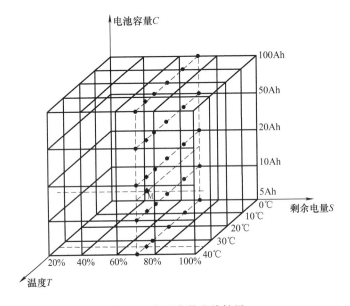

图 4-4 模型参数多维扩展

首先对剩余电量 S 进行拟合，获得图 4-4 中 25 个圆形参考点：

$$\begin{aligned}
R_s(A_1) &= R_s(T=40℃, C=100Ah, S=70\%) \\
&= \frac{70-80}{60-80} R_s(T=40℃, C=100Ah, S=60\%) + \\
&\quad \frac{70-60}{80-60} R_s(T=40℃, C=100Ah, S=80\%)
\end{aligned} \tag{4-29}$$

$$R_s(A_2) = R_s(T=30℃, C=100Ah, S=70\%)$$

$$= \frac{70-80}{60-80} R_s (T=30°C, C=100\text{Ah}, S=60\%) +$$

$$\frac{70-60}{80-60} R_s (T=30°C, C=100\text{Ah}, S=80\%) \tag{4-30}$$

如此类推，直到

$$R_s(A_{25}) = R_s(T=0°C, C=5\text{Ah}, S=70\%)$$

$$= \frac{70-80}{60-80} R_s (T=0°C, C=5\text{Ah}, S=60\%) +$$

$$\frac{70-60}{80-60} R_s (T=0°C, C=5\text{Ah}, S=80\%) \tag{4-31}$$

上述式中的 A_1、A_2 至 A_{25} 表示剩余电量 $S=70\%$、温度 T 与电池容量依次变化组合获得的 25 个不同的电池工作条件。

然后对温度 T 进行拟合，获得图 4-4 中 5 个菱形参考点：

$$R_s(A_{26}) = R_s(T=35°C, C=100\text{Ah}, S=70\%)$$

$$= \frac{35-40}{30-40} R_s (T=30°C, C=100\text{Ah}, S=70\%) +$$

$$\frac{35-40}{40-30} R_s (T=40°C, C=100\text{Ah}, S=70\%) \tag{4-32}$$

如此类推，直到

$$R_s(A_{30}) = R_s(T=35°C, C=5\text{Ah}, S=70\%)$$

$$= \frac{35-40}{30-40} R_s (T=30°C, C=5\text{Ah}, S=70\%) +$$

$$\frac{35-40}{40-30} R_s (T=40°C, C=5\text{Ah}, S=70\%) \tag{4-33}$$

上述式中的 A_{26} 至 A_{30} 表示剩余电量 $S=70\%$、温度 $T=35°C$、电池容量 C 依次变化组合获得的 5 个不同的电池工作条件。

最后对电池容量 C 进行拟合，获得图 4-4 中星形参考点，即所需的 $T=35°C$、电池容量 $C=15\text{Ah}$、剩余电量 $S=70\%$ 条件下的 R_s 取值：

$$R_s(A_{31}) = R_s(T=35°C, C=15\text{Ah}, S=70\%)$$

$$= \frac{15-20}{10-20} R_s (T=35°C, C=10\text{Ah}, S=70\%) +$$

$$\frac{15-10}{20-10} R_s (T=35°C, C=20\text{Ah}, S=70\%) \tag{4-34}$$

上述式中的 $R_s(A_{31})$ 即为剩余电量 $S=70\%$、温度 $T=35°C$、电池容量 $C=15\text{Ah}$ 电池工作条件下 R_s 的最优取值。

如此，则可以以计算量较少的分段线性拟合实现参数离线取值。该例为展现扩展取值方法的通用性，介绍了完整的计算过程。而在实际应用中，对线性插值而言计算点数可以更少,由于估值仅依赖于相邻点的信息,因此只需计算包含目标点在内的 7 个相邻点,这样可大大地减少运算量。模型参数的扩展计算取决于外界影响因素,影响因素越多,扩展步骤越长。相关步骤可通过程序实现,拟合函数可经过预处理嵌入程序,实际计算中无需实时拟合,只需执行查取数据与若干初等运算,对处理器计算能力要求不高。

实际工况中外界条件变化相对较慢,在应用中可适当降低参数计算频率,如每隔 20s 才进行一次更新扩展,从而减少计算量。除了上述的温度、容量与剩余电量等条件,其他参数影响因素如滞回效应、电池劣化程度等都可通过该方法进行扩展,只是在数据库的建立与参数扩展步骤方面需相应进行扩充完善。

4.2.3 模型参数的在线识别方法

4.2.2 节介绍的离线扩展方法可以以较小的计算量,利用已知参数数据,获得任意条件下的参数取值,适用于大多数工程应用场景,但该方法对前期的测试量要求较高,需要丰富的测试数据做支撑。为此,本节针对样本量较少的情况,提出模型参数的在线识别方法,在不依赖前期数据的条件下,利用一段时间的电流电压信息,实时对模型参数进行估计。

根据动力电池模型的状态方程(详见笔者第二本书[2]的第 2 章),电池的电压响应可通过方程组迭代运算表达,这是一个以电流为输入、模型参数为系统可调变量,电压为输出的动态系统。准确的模型参数应该能正确反映系统输入输出的映射关系,使得特定的电流输入下,经过模型运算能获得与实测电压一致的输出。

根据上述分析,可以取过去一段时间的电压电流数据,以真实电流为激励,通过启发式算法调整模型参数,使得估计电压和真实电压的误差平方和最小,在最小二乘意义下逼近真实电压,从而获得参数的最优估计。为此,定义目标函数

$$Z = \sum_{k=1}^{N} (y_k - v_k)^2 \tag{4-35}$$

式中,N 为用于参数识别的样本总量;k 为采样时刻;y_k 为 k 时刻真实电压;v_k 为 k 时刻的估算电压,由电池模型对应的状态方程计算获得。每一组模型参数都对应一个目标参数值,因此可以看作以参数为自变量的极值优化问题。为了避免陷入局部最优,同时提高计算效率,本节采用一种基于群智能的树种算法(Tree Seed Algorithm, TSA)[30]对模型进行参数识别,并通过两种动态工况验证算法的有效性。算法的计算流程如图 4-5 所示。

以待优化的模型参数作为算法中的树种,首先通过在预设范围内随机取值对树种进行初始化,有

$$T_{i,j} = L_{j,\min} + r_{i,j} \times (H_{j,\max} - L_{j,\min}) \tag{4-36}$$

式中,$T_{i,j}$ 为第 i 棵树木中第 j 维位置的初始化取值;$L_{j,\min}$ 为根据可行域设定的第 j

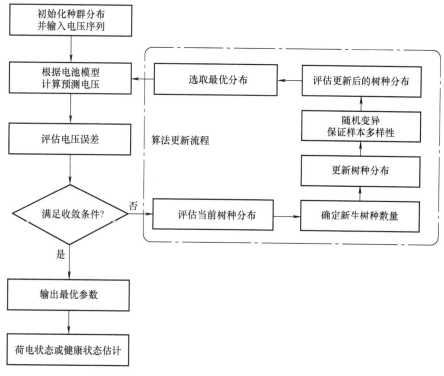

图 4-5 模型参数在线识别

维位置取值范围的下限;$H_{j,\max}$ 为第 j 维位置取值范围的上限;$r_{i,j}$ 为取值范围为 $[0,1]$ 的随机数。

然后通过式 (4-35) 计算对应目标函数值,若函数值满足收敛条件,则输出当前参数,否则对参数进行更新。树种更新通过两种策略进行:

$$S_{i,j,m} = T_{i,j} + \alpha_{i,j} \times (B_j - T_{r,j}) \tag{4-37}$$

$$S_{i,j,m} = T_{i,j} + \alpha_{i,j} \times (T_{i,j} - T_{r,j}) \tag{4-38}$$

式中,$S_{i,j,m}$ 为第 i 棵树木中第 m 个种子的第 j 维位置;B_j 为当前迭代次数下,种群中最优树木对应的第 j 维位置,这里的最优树木是指使得目标函数值最小的对应树木样本;$T_{r,j}$ 为第 r 棵树木的第 j 维位置,r 为取值小于等于种群数 NP 的随机整数;$\alpha_{i,j}$ 为取值范围为 $[0,1]$ 的随机变异因子。策略选取受搜索因子 γ 控制,其中 γ 为取值在 $[0,1]$ 的常量。对每个方向更新时,通过生成一个取值在 $[0,1]$ 的随机数进行判断,若该随机数小于 γ,则采用式 (4-37) 进行更新,否则采用式 (4-38) 进行更新。

参数更新后则重新计算目标函数值,若函数值满足收敛条件,则输出最优参数值,否则进入下一轮迭代更新。由于用于参数识别的样本可以通过在线获得,如前1000s的数据,可以在数据缓存中实时获取,据此实现模型参数的在线优化。

为了验证不同参数识别方法的准确性,以下通过两种动态工况进行测试,包括动态应力测试(Dynamic Stress Test,DST)与联邦城市动态循环(Federal Urban Dynamic Schedule,FUDS),两种工况都是USABC手册推荐的测试工况,能模拟真实城市道路的运行情况,具有较强的动态性,能用于模型与参数的准确性验证。

DST工况电流如图4-6a所示,这里定义放电为正、充电为负,采样范围为1000s。实测电压与利用不同参数识别方法计算的电压估计值如图4-6b所示,其中对比了基于离线方法、基于遗传算法(Genetic Algorithm,GA)以及基于树种算法(TSA)的在线识别的估算结果,为了更清晰地对比不同参数下的模型精度,将电压估算误差统计如图4-6c所示,树种算法的误差分布如图4-6d所示。

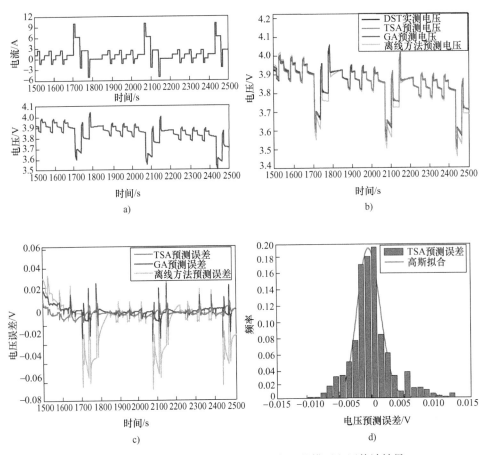

图4-6 DST工况下采用不同参数更新方法的模型电压估计结果

由图4-6b、c可知,传统离线方法获得的模型参数在动态工况下可能引起较大的估算误差。通过增加前期测试样本量,完善离线数据库,可以一定程度上缩小误差范围,但同时也增加了测试成本,对处理器的存储容量也有较高要求。相反地,采用优化算法对参数进行在线识别,能有效提高模型精度。为了直观对比不同方法下的模型精度,统计电压估计误差的方均根误差(RMSE)与平均绝对误差(MAE)见表 4-3。从表中可知,利用本节方法对参数进行在线识别,获得模型的 RMSE 与 MAE 分别为 3.28mV 与 12.56mV,能基本满足电池状态估计的需求。FUDS 工况下的估算结果如图 4-7 与表 4-4 所示。相关结果同样验证了所提方法的有效性。

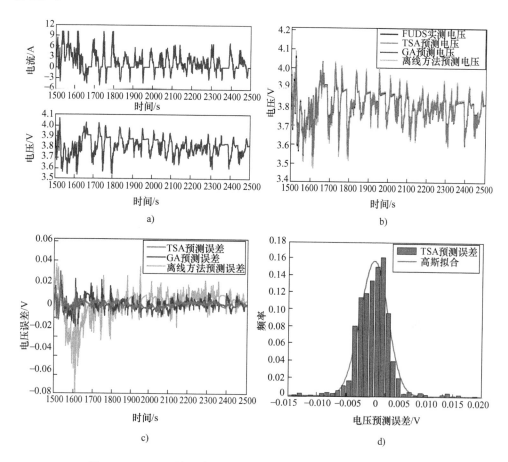

图 4-7 FUDS 工况下采用不同参数更新方法的模型电压估计结果

表 4-3 DST 工况下采用不同参数更新方法的模型电压估计误差

	树种算法	遗传算法	离线方法
RMSE/mV	3.28	6.96	19.69
MAE/mV	12.56	27.98	70.04

表 4-4　FUDS 工况下采用不同参数更新方法的模型电压估计误差

	树种算法	遗传算法	离线方法
RMSE/mV	3.06	6.32	13.63
MAE/mV	18.24	30.41	80.45

4.3　基于分数阶理论的电池建模与 SoC 估算

动力电池 SoC 的准确性需要以高精度的电池模型作为保证。因此，动力电池模型应该尽可能还原电池的真实特性，实时模拟变化环境中电池的动态响应。为了提高动力电池模型的精度，可以从模型参数与模型结构两方面进行优化。本章 4.2 节通过离线和在线两种方法对模型参数进行识别，提高了模型对实际工况的适应能力。本节则从改进模型结构的角度出发，通过引入分数阶理论，建立分数阶等效电路模型，并利用卡尔曼滤波实现 SoC 的在线估计。与整数阶模型相比，本节建立的分数阶模型多了两个模型阶次参数。针对模型阶次的在线更新问题，本节相应地提出双卡尔曼滤波系统，对电池 SoC 与模型阶次进行联合估计，并通过动态工况测试进行验证。

4.3.1　锂离子动力电池分数阶建模

1. 分数阶微积分

本节首先简要介绍分数阶微积分的基本概念，为后续的电池建模提供理论基础。分数阶微积分研究的是微分与积分阶次为非整数的情况。近年来，大量研究表明自然界中的很多物理现象都具有分数阶微分特性，因此被逐渐应用到工程与研究领域，如永磁同步电动机建模、PID 控制器设计、热传导过程建模等[31-33]。一般而言，具有长记忆性、迟滞效应与动态扩散过程的系统，都可以通过分数阶优化获得更高的模型精度[34]。

分数阶微积分是通过整数阶定义进行扩展的，根据不同的扩展手段，分数阶微积分存在多种形式[35,36]，其中应用最广泛的包括 Grunwald-Letnikov 定义、Riemann-Liouville 定义与 Caputo 定义，当微积分阶数为负实数或正整数时，三种定义是等价的。当阶数为非整数阶，即分数阶时，各定义间存在一定差异，并各具特点。由于本节在建立电池模型中引入的是分数阶微分，并未涉及积分，因此这里仅讨论微分情况。一般而言，Grunwald-Letnikov 定义能简化导数计算，更适用于离散系统，考虑到电池状态估计的实时性要求，同时结合卡尔曼滤波迭代运算的特点，这里采用 Grunwald-Letnikov 分数阶定义，推导过程如下。

考虑一阶微分

$$f'(x) = \lim_{h \to 0} \frac{f(x+h) - f(x)}{h} \tag{4-39}$$

类似地，考虑二阶微分

$$f''(x) = \lim_{h \to 0} \frac{f'(x+h) - f'(x)}{h} \tag{4-40}$$

令 $h = h_1 = h_2$，则有

$$\begin{aligned} f''(x) &= \lim_{h \to 0} \frac{f(x+2h) - 2f(x+h) + f(x)}{h} \\ &= \lim_{h_1 \to 0} \frac{\lim\limits_{h_2 \to 0} \dfrac{f(x+h_1+h_2) - f(x+h_1)}{h_2} - \lim\limits_{h_2 \to 0} \dfrac{f(x+h_2) - f(x)}{h_2}}{h_1} \end{aligned} \tag{4-41}$$

考虑 n 阶微分

$$d^\alpha f(x) = \lim_{h \to 0} \frac{1}{h^\alpha} \sum_{m=0}^{n} (-1)^m \binom{n}{m} f(x - mh) \tag{4-42}$$

式中，$\binom{n}{m} = \dfrac{n!}{m!(n-m)!}$。以相同形式对非整数阶情况进行拓展，并离散化，则可得具有 α 阶的分数阶微积分

$$\mathcal{D}^\alpha x_k = \frac{1}{T_s^\alpha} \sum_{j=0}^{k} (-1)^j \binom{\alpha}{j} x_{k-j} \tag{4-43}$$

$$\binom{\alpha}{j} = \begin{cases} 1 & j = 0 \\ \dfrac{\alpha(\alpha-1)\cdots(\alpha-(j-1))}{j!} & j > 0 \end{cases} \tag{4-44}$$

式中，$\mathcal{D}$ 为微积分符号；α 为分数阶阶数；T_s 为采样时间；k 为当前采样时刻。

2. 分数阶等效电路模型

从式（4-43）可知，变量的分数阶微分与过去一段时间的历史状态有关，因此能够更好地描述具有长记忆性或迟滞效应的系统。而对于电池的许多电化学过程，如物质迁移过程[37]与双电层效应[38]等，都可以通过分数阶微分获得更精确的表达。通过电化学阻抗谱分析，可以直观体现电池的分数阶特性[39]。典型的锂离子电池电化学阻抗谱（EIS）如图4-8所示，该图包含了电池在施加不同频率的小幅值正弦电流后的交流阻抗信息。

从图中可知，根据在不同频率区间的形态差异，锂离子电池的电化学阻抗谱曲线可以分为三个部分。在高频区，电池阻抗表现为一条与虚轴接近平行的直线，一般认为与电池内部集流体、活性材料、电解液以及隔膜等材料引起的欧姆阻抗有关，其值可根据曲线与实轴的交点获得。在中频区，电池阻抗可以看作是一个

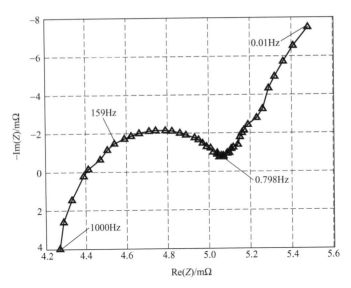

图 4-8　锂离子电池电化学阻抗谱

扁状半椭圆，与电池电解液界面的电荷转移效应与双电层效应有关。在低频区，阻抗谱表现为一条与实轴具有一定夹角的曲线，其特性与电极活性材料部分的锂离子扩散效应有关。

电池建模的目的是通过一系列电路元件或方程的组合，从物理或数学上构建一个与真实电池外特性相近的系统，模拟表达电池特性，从而辅助分析电池的电化学过程或估计电池内部的未知状态。这里的"相近"，可以是时域意义上的，也可以是指频域。4.2 节从时域角度考虑，通过优化算法求解与真实数据最相近的模型表达，其主要目标更多是为了获得模型的最优参数，强调的是参数的动态更新和实时调整，但并不涉及模型结构的改变。实际上，除了参数需要根据动态工况进行调整外，模型结构本身也需要符合电池的性能特点。如果模型本身就与电池特性存在差异，那么参数辨识再准确也是难以突破这种结构上的限制。因此，电池建模的一种设计思路是赋予模型足够的灵活性，并通过参数进行细化和精调，这也是本章引入分数阶优化的原因。

模型与电池特性的结构差异可从频域角度进行分析。常用的整数阶等效电路模型，比如多阶 *RC* 网络模型，其电阻与电容并联形成的 *RC* 网络在 Nyquist 图中表现为一个理想半圆，与电池表现的扁状半椭圆形态存在差异，不能较好地模拟电池的中低频特性。通过增加 *RC* 网络的阶数可以逐渐逼近电池真实形态，但同时也不可避免地增加模型参数，提高了模型识别与计算过程的复杂度。通过引入具有分数阶特性的 Warburg 元件，可以方便地实现电池特性的模拟。一般而言，Warburg 元件具有三种形态，其中恒相位元件（Constant Phase Element，CPE）是一种特性介于电阻与电容之间的特殊元件[40],通过引入 CPE,对电池模型进行优化,可以更好地逼近电池的真实特性。基于上述分析,以传统整数阶模型为基础,建立电池的分数阶等效电路模型如图 4-9 所示。

根据电路分析原理,有

$$U_L = U_{oc} - I_L R_o - U_d - U_e \quad (4\text{-}45)$$

$$\mathscr{D}^{\alpha_d} U_d = \frac{I_L}{C_d} - \frac{U_d}{C_d R_d} \quad (4\text{-}46)$$

$$\mathscr{D}^{\alpha_e} U_e = \frac{I_L}{C_e} - \frac{U_e}{C_e R_e} \quad (4\text{-}47)$$

式中,U_{oc} 为电池开路电压;I_L 为流经电池的充放电电流;U_L 为电池端电压;R_o 为欧姆内阻;U_d、U_e 表示阶次分别为 α_d、α_e 的两个 CPE 的分压,当 $\alpha = \beta = 1$ 时,两个 CPE 可以等效为电容值为 C_d、C_e 的电容;R_d、R_e 分别为电荷转移内阻和扩散内阻。

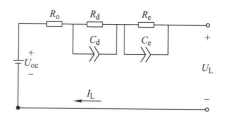

图 4-9 分数阶等效电路模型

上述分数阶模型的模型阶次 α_d、α_e 如其他参数一样,是随工况与时间变化的。而式(4-46)与式(4-47)中的模型阶次被视为常量。为此,我们利用参考文献[41]的 A-type 可变分数阶扩展,将 Grunwald-Letnikov 定义改写为

$$\mathscr{D}^{\alpha_k} x_k = \frac{1}{T_s^{\alpha_k}} \sum_{j=0}^{k} (-1)^j \binom{\alpha_k}{j} x_{k-j} \quad (4\text{-}48)$$

从前面的分析可知,为了保留过去所有时刻的状态信息,原定义中的求和上限为当前时刻 k,而当时间跨度较长时将造成较大的计算负担。为了简化模型计算,这里将求和上限设为固定值 N_s,只保留对当前状态影响较大的近期历史信息,后续的模型验证结果表明这种简化是可行且有效的。根据式(4-48),式(4-46)可转换为

$$U_{d,k} = \left(\alpha_{d,k} - \frac{T_s^{\alpha_{d,k}}}{C_d R_d} \right) U_{d,k-1} + T_s^{\alpha_{d,k}} \frac{I_{L,k-1}}{C_d} - \sum_{j=2}^{N_s} (-1)^j \binom{\alpha_{d,k}}{j} U_{d,k-j} \quad (4\text{-}49)$$

通过类似方法可对式(4-47)进行转换。根据 SoC 的定义,有

$$z_k = z_{k-1} - \frac{I_{L,k} \eta}{Q_N} \quad (4\text{-}50)$$

式中，z 为电池 SoC；η 为库仑效率；Q_N 为电池的额定容量。

由此，所提分数阶模型的状态空间方程可表达为

$$x_k = A_k x_{k-1} + B_k u_{k-1} - \sum_{j=2}^{N_s} (-1)^j \gamma_{j,k} x_{k-j} \quad (4\text{-}51)$$

$$y_k = h(x_k, u_k) = \text{ocv}(x_{3,k}) - u_k R_o - x_{1,k} - x_{2,k} \quad (4\text{-}52)$$

式中

$$x_k = [u_{d,k}, u_{e,k}, z_k]^T \quad (4\text{-}53)$$

$$y_k = U_{L,k}, u_k = I_{L,k} \quad (4\text{-}54)$$

$$A_k = \begin{bmatrix} \alpha_{d,k} - \dfrac{T_s^{\alpha_{d,k}}}{C_d R_d} & 0 & 0 \\ 0 & \alpha_{e,k} - \dfrac{T_s^{\alpha_{e,k}}}{C_e R_e} & 0 \\ 0 & 0 & 1 \end{bmatrix} \quad (4\text{-}55)$$

$$B_k = \left[\dfrac{T_s^{\alpha_{d,k}}}{C_d}, \dfrac{T_s^{\alpha_{e,k}}}{C_e}, -\dfrac{\eta}{Q_N} \right]^T \quad (4\text{-}56)$$

$$\gamma_{j,k} = \text{diag}\left\{ \binom{\alpha_{d,k}}{j}, \binom{\alpha_{e,k}}{j}, \binom{1}{j} \right\} \quad (4\text{-}57)$$

式（4-52）中 ocv 表示电池 SoC 与开路电压之间的非线性关系。为表述方便，这里取采样时间 T_s 与库仑效率 η 为 1。由于方程中已将电池 SoC 作为状态变量，因此可以通过卡尔曼滤波实现在线估计。

4.3.2 基于分数阶无迹卡尔曼滤波的 SoC 估算

对于动力电池这种可观测量较少的系统，其内部状态需要通过特定的模型，同时结合观测器手段进行间接预测估计。由于测量信号不可避免地存在噪声干扰，完全依赖测量信号的观测将会伴随较大的扰动，因此要通过卡尔曼滤波等方法消除噪声干扰，利用已知的测量信息尽可能地还原系统的真实状态。

笔者的前两本书[1,2]都分别详细介绍过利用扩展卡尔曼滤波（Extended Kalman Filter, EKF）进行 SoC 估算的步骤，以及相应的误差分析。在实际应用中，对于动力电池等高度非线性的系统，通过 EKF 进行泰勒展开的过程中将会忽略部分高阶信息，可能导致线性化误差以及引起系统的不稳定。同时，整数阶的 EKF 也不能直接应用到所提的分数阶模型上，而需要进一步的改进。因此，本书在前面技术的基础上，针对利用卡尔曼滤波实现 SoC 估算的问题，从以下三个方面进行了更深入的研究。

第一，利用无迹卡尔曼滤波（Unscented Kalman Filter, UKF）代替 EKF，降低

其估计过程中的线性化误差,并能够避免对雅克比矩阵的求解运算,提高 SoC 的估算效率。第二,考虑历史信息的影响,建立分数阶 UKF,解决在分数阶模型上进行电池 SoC 估计的问题。第三,考虑分数阶模型特有的模型阶次的更新问题,利用双卡尔曼滤波进行状态和模型阶次的联合估计,提高 SoC 估计精度。

回到传统的整数阶 EKF,其主要解决的是形如式(4-58)、式(4-59)的状态估计问题:

$$x_k = f(x_{k-1}, u_{k-1}) + w_k \tag{4-58}$$

$$y_k = h(x_k, u_k) + v_k \tag{4-59}$$

其中,式(4-58)为系统状态方程,该方程描述了系统状态随时间的迁移过程,并假设已经包含了关于系统状态的稳定性、动态可控性以及抗干扰性等所有信息。$x_k \in \mathbb{R}^n$ 为 k 时刻的 n 维状态变量;$u_k \in \mathbb{R}^p$ 为 k 时刻的 p 维控制变量;$w_k \in \mathbb{R}^n$ 为 n 维随机过程噪声,用于描述其他系统输入带来的不确定性干扰。式(4-59)为观测方程,其中 $y_k \in \mathbb{R}^m$ 为 m 维观测变量,该方程描述了系统状态与观测变量之间的传递关系;$v_k \in \mathbb{R}^m$ 为观测噪声,用于描述观测变量测量过程中伴随的随机噪声。

对于形如式(4-51)~式(4-57)的动力电池模型,其观测方程包含开路电压与 SoC 的关系函数,呈现一定的非线性特点。常用的 EKF 通过泰勒展开完成线性化,保留一阶项而忽略了其他高阶信息,造成估算精度损失。

此外,观察式(4-58)、式(4-59)可知,该系统中当前状态直接通过非线性函数传递到下一时刻,不存在微分关系,无法适用于状态通过分数阶微分关系传递的动态系统。由式(4-51)可知,分数阶动态系统中包含对历史数据的求和,不同于典型的状态更新方程形式,无法直接采用整数阶滤波形式,因此需要针对分数阶系统对滤波器进行重构。

为此,本节通过建立分数阶 UKF,解决分数阶模型的状态估计问题,同时通过确定性采样逼近变量的真实分布,改善线性扩展引起的信息丢失问题。

考虑分数阶离散状态空间方程

$$\mathcal{D}^{\alpha_k} x_k = f_k(x_{k-1}, u_{k-1}) + w_k \tag{4-60}$$

$$y_k = h_k(x_k, u_k) + v_k \tag{4-61}$$

式中,$x_k \in \mathbb{R}^n$ 为 k 时刻的 n 维状态变量;$u_k \in \mathbb{R}^p$ 为 k 时刻的 p 维控制变量;$y_k \in \mathbb{R}^m$ 为 k 时刻的 m 维观测变量;$f(x_k, u_k)$ 与 $h(x_k, u_k)$ 分别为状态方程与观测方程;w_k、v_k 分别为过程噪声与观测噪声。与式(4-58)、式(4-59)的不同之处在于,状态方程左侧为状态的 α 阶微分,作为分数阶系统的一个特例,当 $\alpha = 0$ 时该系统等效于整数阶情况。需要注意的是,此处的阶次 α 是允许随时间变化的,因此带有下标 k。根据式(4-48)的定义,构建分数阶 UKF 如下。

计算权值系数

$$W_0^{(m)} = \lambda / (n + \lambda) \tag{4-62}$$

$$W_0^{(c)} = W_0^{(m)} + (1 - \alpha^2 + \beta) \tag{4-63}$$

$$W_i^{(m)} = W_i^{(c)} = 1/2(n + \lambda) \tag{4-64}$$

式中，n 为状态变量的维数。λ 为调整系数，有 $\lambda = \alpha^2(n + \kappa) - n$，$\alpha$ 为分布参数，有 $10^{-2} \leq \alpha \leq 1$；$\kappa$ 为辅助调整参数，有 $\kappa = 3 - n$。注意此处的系数 α 不同于式（4-60）中的阶数。对于高斯分布，取 $\beta = 2$。

初始化状态变量与误差方差

$$\hat{x}_0^+ = \mathbb{E}[x_0] \tag{4-65}$$

$$P_0^+ = \mathbb{E}[(x_0 - \hat{x}_0^+)(x_0 - \hat{x}_0^+)^T] \tag{4-66}$$

对状态变量进行迭代更新。这里为了近似真实状态的后验分布值，以当前状态估计值为中心，构造了若干个确定性的 Sigma 先验预测点，并通过这些采样点经由函数传播进行变形，继而取其加权均值逼近状态的后验估计，因此有：

(a) 计算 Sigma 采样点：

$$\chi_0^- = \hat{x}_{k-1}^+ \tag{4-67}$$

$$\chi_i^- = \hat{x}_{k-1}^+ + (\sqrt{(n + \lambda) P_{k-1}^+})_i, i = 1, \cdots, n \tag{4-68}$$

$$\chi_i^- = \hat{x}_{k-1}^+ - (\sqrt{(n + \lambda) P_{k-1}^+})_i, i = n+1, \cdots, 2n \tag{4-69}$$

(b) 状态过程更新：

$$\mathcal{D}^{\alpha_k} \hat{x}_k^- = \sum_{i=0}^{2n} W_i^{(m)} f_k(\chi_i^-, u_{k-1}) \tag{4-70}$$

$$\hat{x}_k^- = \mathcal{D}^{\alpha_k} \hat{x}_k^- - \sum_{j=1}^{N_s} (-1)^j \gamma_{j,k-1} \hat{x}_{k-j}^+ \tag{4-71}$$

(c) 方差过程更新：

$$P_{xx} = \sum_{i=0}^{2n} W_i^{(c)} (f_k(\chi_i^-, u_{k-1}) - \mathcal{D}^{\alpha_k} \hat{x}_k^-) \times (f_k(\chi_i^-, u_{k-1}) - \mathcal{D}^{\alpha_k} \hat{x}_k^-)^T + Q_{k-1} \tag{4-72}$$

$$P_{\chi x} = \sum_{i=0}^{2n} W_i^{(c)} (\chi_i^- - \hat{x}_{k-1}^+) \times ((f_k(\chi_i^-, u_{k-1}) - \mathcal{D}^{\alpha_k} \hat{x}_k^-)^T \tag{4-73}$$

$$P_k^- = P_{xx} + \gamma_{1,k-1} P_{\chi x} + P_{\chi x} \gamma_{1,k-1} + \sum_{j=1}^{N_s} \gamma_{j,k-1} P_{k-j}^+ \gamma_{j,k-1} \tag{4-74}$$

(d) 输出后验估计：

$$\chi_i^+ = f_k(\chi_i^-, u_{k-1}) - \sum_{j=1}^{N_s} (-1)^j \gamma_{j,k-1} \hat{x}_{k-j}^+ \tag{4-75}$$

$$\hat{y}_k = \sum_{i=0}^{2n} W_i^{(m)} h_k(\chi_i^+) \tag{4-76}$$

(e) 状态测量更新：

$$P_{yy} = \sum_{i=0}^{2n} W_i^{(c)} (h_k(\chi_i^+) - \hat{y}_k) \times (h_k(\chi_i^+) - \hat{y}_k)^{\mathrm{T}} \tag{4-77}$$

$$P_{xy} = \sum_{i=0}^{2n} W_i^{(c)} (\chi_i^+ - \hat{x}_k^-) \times (h_k(\chi_i^+) - \hat{y}_k)^{\mathrm{T}} \tag{4-78}$$

$$K_k = P_{xy}(P_{yy})^{-1} \tag{4-79}$$

$$\hat{x}_k^+ = \hat{x}_k^- + K_k(y_k - \hat{y}_k) \tag{4-80}$$

(f) 方差测量更新：

$$P_k^+ = P_k^- - K_k P_{yy} K_k^{\mathrm{T}} \tag{4-81}$$

首先，构造 Sigma 样本点。以上一次采样时刻的后验估计作为基准，根据无迹变换规则计算 $2n+1$ 个确定的 Sigma 点，该步骤与 UKF 的整数阶情况类似。其次，对系统状态及其协方差进行过程更新。将生成的 Sigma 点按各自权重求和，并考虑历史数据的影响，获得状态变量的先验估计。然后，计算观测估计值。这里需要注意求解顺序，在步骤（b）中，由于状态方程本身的传递不包含分数阶过程，因此 Sigma 点先进行加权平均再减去历史值，而在步骤（d）中，在输入观测方程前状态需要先进行分数阶处理，因此先减去历史值再求平均。最后，对系统状态及其协方差进行观测更新。计算卡尔曼滤波增益，获得状态后验估计值，并进入下一轮迭代，从而完成状态变量的在线估计。

4.3.3 基于双卡尔曼滤波的模型阶次与 SoC 联合估算

分数阶模型采用了 CPE 代替传统模型中的电容，因此在数学表达上多了一组模型阶次参数，在实际应用中需要考虑其准确取值。如本章 4.2 节所述，模型参数受温度、SoC、工况等多因素影响而变化，为了提高模型与 SoC 算法的精度，需要对模型参数进行实时更新。式（4-46）、式（4-47）中的模型阶次 α_d 与 α_e 也可看作是模型的两个可变参数，需要结合在线的工况数据进行更新[42]。为此，本节基于 4.3.1 节所提的可变阶次的分数阶等效电路模型，通过建立无迹双卡尔曼滤波框架，实现模型阶次的识别，并与状态变量进行同步联合估计，增强估计结果的实时性与稳定性。

对于状态更新方程能通过 $x_{k+1} = f_k(x_k, u_k, \theta_k)$ 描述的情况，可采用双卡尔曼滤波对系统参数进行独立辨识，其中，θ 为可以用于辨识的模型参数，针对此类参数，由于系统状态与模型参数在更新方程中形式一致，都涵盖在更新方程 f_k 内，在函数中具有同等地位，因此可将模型参数作为系统状态变量，构造两个平行的滤波器，通过 4.3.2 节建立的更新步骤进行同步估计[43,44]。

然而，如式（4-60）所示，分数阶模型的阶次 α_k 不包含在非线性函数 f 里面，不能通过上述形式进行传递，因此需要针对以阶次作为状态变量的情况对 4.3.2 节过程做进一步设计。针对分数阶阶次更新的 UKF 通过下述过程实现。

初始化分数阶阶次及其方差

$$\alpha_0^+ = \mathbb{E}[\alpha_0] \tag{4-82}$$

$$P_{w,0}^+ = \mathbb{E}[(\alpha_0 - \alpha_0^+)(\alpha_0 - \alpha_0^+)^T] \tag{4-83}$$

式中，$P_{w,0}^+$ 为模型阶次对应的误差方差。

对分数阶模型阶次进行迭代更新：

(a) 计算 Sigma 采样点：

$$W_0^- = \alpha_{k-1}^+ \tag{4-84}$$

$$P_{w,k}^- = P_{w,k-1}^+ + T_s Q_{w,k-1} T_s \tag{4-85}$$

$$W_i^- = \alpha_{k-1}^+ + (\sqrt{(n+\lambda)P_{w,k}^-})_i, i=1,\cdots,n \tag{4-86}$$

$$W_i^- = \alpha_{k-1}^+ - (\sqrt{(n+\lambda)P_{w,k}^-})_i, i=n+1,\cdots,2n \tag{4-87}$$

式中，Q_w 与后面提到的 R_w 分别为针对模型阶次的过程噪声与观测噪声的方差矩阵；T_s、n、λ 等系数与 4.3.2 节状态变量估计过程的含义相同。

(b) 模型阶次的过程更新：

$$\alpha_k^- = \sum_{i=0}^{2n} W_i^{(m)} W_i^- \tag{4-88}$$

$$\chi_{w,i}^- = T_s^{W_i} f_k(x_{k-1}^+, u_{k-1}) - \sum_{j=1}^{N_s} (-1)^j \binom{W_i^-}{j} x_{k-j}^+ \tag{4-89}$$

$$\hat{y}_{w,k} = \sum_{i=0}^{2n} W_i^{(m)} h_k(\chi_{w,i}^-) \tag{4-90}$$

这里模型阶次的 Sigma 点在加权平均获得先验估计后，还通过影响历史求和项生成对应的状态采样点，据此计算观测估计值。注意下标 w 是用于区别状态估计时的相关变量。在此基础上，更新对应增益并获得模型阶次后验值。

$$P_{wyy} = \sum_{i=0}^{2n} W_i^{(c)} (h_k(\chi_{w,i}^-) - \hat{y}_{w,k}) \times (h_k(\chi_{w,i}^-) - \hat{y}_{w,k})^T + R_w \tag{4-91}$$

$$P_{wwy} = \sum_{i=0}^{2n} W_i^{(c)} (W_i^- - \alpha_k^-) \times (h_k(\chi_{w,i}^-) - \hat{y}_{w,k})^T \tag{4-92}$$

$$K_{w,k} = P_{wwy}(P_{wyy})^{-1} \tag{4-93}$$

$$\alpha_k^+ = \alpha_k^- + K_{w,k}(y_k - \hat{y}_{w,k}) \tag{4-94}$$

(c) 模型阶次的方差更新：

$$P_{w,k}^+ = P_{w,k}^- - K_{w,k} P_{wyy} K_{w,k}^T \tag{4-95}$$

$$Q_{w,k} = (1-\rho) Q_{w,k-1} + \rho T_s K_{w,k}(y_k - \hat{y}_{w,k})(y_k - \hat{y}_{w,k})^T (K_{w,k})^T T_s \tag{4-96}$$

式中，$\rho \in [0,1)$ 为用于调节方差矩阵更新比例的权重因子。

利用无迹双卡尔曼滤波对 SoC 与模型阶次联合估计的执行框架如图 4-10 所示，两个滤波器独立运行，并存在信息交换。状态滤波器利用上一时刻模型阶次的最优估计完成本时刻的先验估计,并导入到阶次滤波器完成本时刻的阶次估计。如此,SoC 与模型阶次能适应变化工况实现联合优化估计。

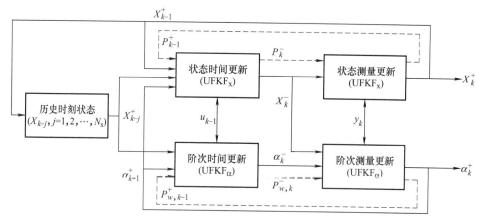

图 4-10　基于无迹双卡尔曼滤波的状态变量与模型阶次联合估计流程

4.3.4　实验与结果分析

本节利用电池特性测试结果,获取电池的开路电压与其他模型参数,并作为离线参数输入到分数阶模型。为独立考察模型阶次对模型精度的影响,这里除模型阶次外的其他参数保持不变,对电池 SoC 与模型阶次进行联合估计。与 4.2 节方法类似,通过 DST 与 FUDS 两种动态工况对 SoC 的估计结果进行验证。

为了能够覆盖动力电池常用的 SoC 范围,这里选取 90% SoC ~ 20% SoC 区间对电池进行测试。首先对电池进行恒流恒压充满,并充分静置。由于 DST 工况中存在约 3C 的峰值电流,为避免瞬时高压对电池造成损伤,对电池恒流放电至 90% SoC 作为测试初始状态。此后,对电池施加若干 DST 或 FUDS 工况,直至电池 SoC 将至 20% 左右停止。

DST 工况下的实测电压与模型预测电压结果如图 4-11a 所示。为了对比可变阶次分数阶模型的准确性,这里引入了固定阶次模型的估计结果进行对比。对于固定阶模型,各参数包括模型阶次在离线获取后不再进行更新。而对于可变阶模型,模型的两个 CPE 的阶次可随工况进行调整。两个模型的电压预测误差如图 4-11b 所示。

为了展示电池 SoC 的估计效果,这里对基于固定阶模型的扩展卡尔曼滤波(EFKF)、基于固定阶模型的无迹卡尔曼滤波(UFKF)以及基于可变阶模型的无迹卡尔曼滤波(UFKF)的估计结果进行对比,如图 4-12a 所示,从图中可以考察模型之间与算法之间的估计效果差异。为了验证模型对初始值的收敛性,这里设置初始 SoC 为 100%。电池 SoC 的误差如图 4-12b 所示。测试过程中的阶次变化情况如图 4-13 所示。

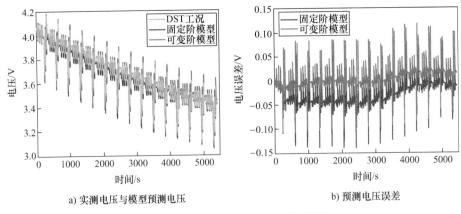

图 4-11 DST 工况下的实测电压与模型预测电压

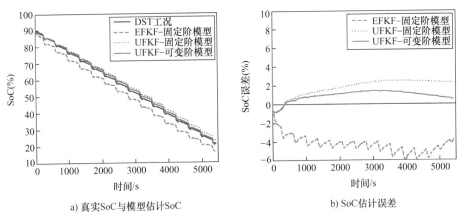

图 4-12 DST 工况下的电池 SoC 估计结果

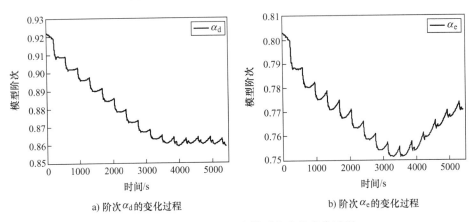

图 4-13 DST 工况下两个模型阶次的变化过程

从图 4-11 可知，通过离线方法获得的模型参数不能准确对电池行为进行模拟，相反地，通过对模型阶次进行跟踪调整，电压估计精度提高，说明了在线估计模型阶次对模型精度有改进作用。从图 4-12 可知，对比 EFKF，UFKF 能获得更高的 SoC 估计精度，这是由于 UFKF 能改善 EFKF 线性化带来的估计误差。此外，对比于固定阶模型，可变阶模型的 SoC 估计值更接近真实值，说明了本章所用的联合估计方法能有效提高 SoC 估计精度。从图 4-13 可见，模型阶次随着测试进行自动缓慢调整，说明了模型阶次会随工况发生变化，忽略这种变化会引起估计误差，因此在实际应用中需要实时调整。

FUDS 工况下的电压估计曲线及其误差如图 4-14 所示，对应的 SoC 估计结果如图 4-15 所示，阶次的变化情况如图 4-16 所示。从上述结果可知，基于分数阶模型与 SoC -阶次联合估算能获得精确的 SoC 估计，为了更直观地表现不同方法的估计能力，统计两种工况下电压估计与 SoC 估计误差见表 4-5、表 4-6。

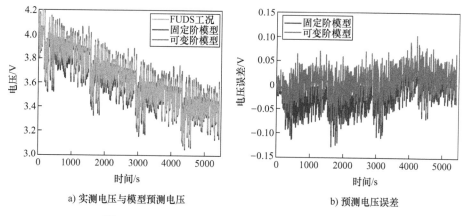

a) 实测电压与模型预测电压　　　　b) 预测电压误差

图 4-14　FUDS 工况下的实测电压与模型预测电压

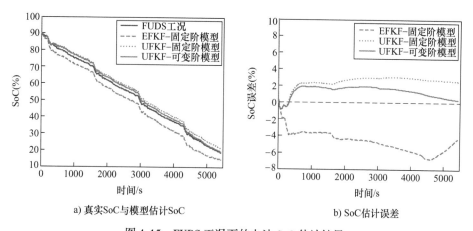

a) 真实 SoC 与模型估计 SoC　　　　b) SoC 估计误差

图 4-15　FUDS 工况下的电池 SoC 估计结果

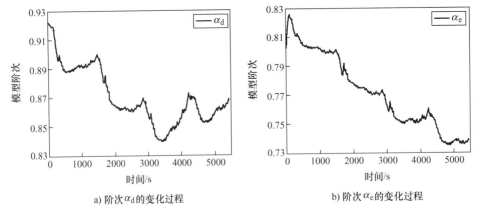

图 4-16 FUDS 工况下两个模型阶次的变化过程

表 4-5 不同模型下的电压估计误差

测试工况	固定阶模型/mV	可变阶模型/mV
DST	35.970	19.658
FUDS	38.024	21.734

表 4-6 不同模型与算法组合的 SoC 估计误差

测试工况	固定阶模型 EKF（%）	固定阶模型 UKF（%）	可变阶模型 UKF（%）
DST	4.379	2.018	1.071
FUDS	4.827	2.590	1.503

从表中可知，DST 工况的电压估计 RMSE 为 19.658mV，FUDS 工况的电压估计 RMSE 为 21.734mV，较固定阶模型分别提高了 45.4% 与 42.9%。对于 SoC 估计，DST 工况的 RMSE 为 1.071%，FUDS 工况的 RMSE 为 1.503%，精度与其他两种方法相比均有所提高。

由于电池初始 SoC 以及额定容量等模型参数在实际应用中较难准确估计，在计算时只能根据经验取近似值，因此不可避免地存在一定的初始误差。状态估计算法应该在保证估计准确性的同时，在误差干扰下具备一定的稳健性，使 SoC 收敛至真实值。

为验证算法的稳健性，取不同的 SoC 初始值作为输入，考察算法的收敛情况。为覆盖误差可能的取值范围同时不失一般性，设置 SoC = {0%, 15%, 30%, 45%, 60%, 75%, 90%, 100%} 作为算法的初始 SoC 进行运算（初始 SoC 的真实值为 90%），获得 SoC 估计结果如图 4-17 所示。此处只取工况前 10s 进行分析，此后各曲线几乎完全重合。

从图 4-17 可知，即使在较大的 SoC 初始误差下（比如设置初始值为 SoC = 0%），算法仍能在短时间内收敛，说明了不同初始值取值对算法影响不明显。

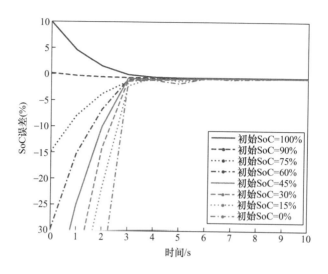

图 4-17 不同 SoC 初始值下的收敛情况

不同初始容量的 SoC 估计结果与误差分析如图 4-18a、b 所示。此处以实测容量为基准,对容量设置偏高 5%、10% 与偏低 5%、10% 几种情况进行测试,验证算法对容量的稳健性。从图中可知,电池容量对 SoC 估计具有一定影响,当容量取值偏低时,SoC 估计结果与实际值相比将偏小;当容量取值偏高时,SoC 估计结果将偏大,10% 的容量误差将引起 1.8% 的 SoC 误差。容量误差在 SoC 估计中属于系统误差,一般而言,卡尔曼滤波本身不具备处理系统误差的机制,意味着容量变化将对 SoC 估计产生一定影响。针对该问题,可以在算法中定时对电池进行容量校准克服,也可通过对电池进行容量建模或实时估计,及时调整容量衰减量,从而避免容量误差造成的影响。

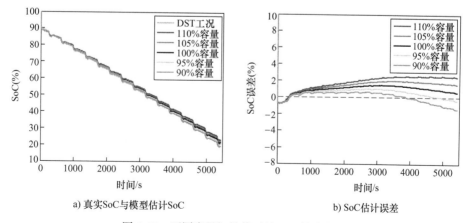

a) 真实SoC与模型估计SoC   b) SoC估计误差

图 4-18 不同容量初始值下的 SoC 估计曲线

类似地,以辨识后获得的两个极化内阻值为基准,对内阻设置偏高5%、10%与偏低5%、10%几种情况进行测试,SoC估计结果与误差分析如图4-19所示。由图中可知,内阻误差对本章所提SoC估计算法影响较小,10%的内阻误差约对应0.2%的SoC误差。

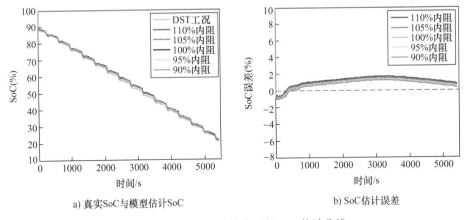

a) 真实SoC与模型估计SoC   b) SoC估计误差

图4-19 不同内阻初始值下的SoC估计曲线

本章首先讨论了电动汽车BMS开发过程中,对于动力电池SoC的一些概念上的分歧,分析了关于电池SoC的三种不同理解方式,便于工程人员在技术讨论时能够对SoC的基本概念形成统一认识。然后,针对模型参数化问题,介绍了基于离线查表和基于在线优化的两种参数辨识方法,并通过两种动态工况进行验证。最后,通过引入分数阶理论对传统的整数阶模型进行改进,并相应地提出了适用于分数阶模型的卡尔曼滤波器,实现电池SoC与模型阶次的联合估计,并分析了算法在不确定初始误差影响下的可靠性。

第5章 均衡控制策略的研究

动力电池组的均衡控制是 BMS 的基本问题之一。许多介绍 BMS 的书籍都对"策略"这两个字避而不谈，因为均衡控制策略是 BMS 最复杂的问题之一。这个问题之所以复杂，一是由于电池组初始条件的多样性，二是由于均衡评价指标的复杂性。

在笔者之前所写的两本书[1,2]里，都对均衡控制问题进行了介绍：在第一本书《电动汽车动力电池管理系统设计》[1]中，笔者更多的是对 BMS 均衡控制模块的设计给出建议；而在第二本书《电池管理系统深度理论研究》[2]中，笔者结合一种特定的非耗散型均衡方案，提出均衡电路测试的手段，以及均衡电路能耗建模与仿真分析的方法。本章继续对均衡控制问题展开讨论，并非简单的重复，而是需要进行更加深入的探讨。

5.1 均衡控制策略与均衡拓扑结构的关系

在讨论 BMS 的均衡问题时，常常需要对两种不同的均衡控制方法进行比较，而均衡控制方法主要包括两个方面：一是均衡电路的拓扑结构；二是与之相适应的均衡控制策略，如图 5-1 所示。

图 5-1 均衡控制策略与均衡拓扑结构的关系

由于均衡控制策略往往要受均衡的拓扑结构约束，因此孤立地讨论某一个均衡控制策略是没有意义的。当然，如果基于相同的拓扑结构，采用不同的均衡策略，那么是可以进行互相比较的，如图 5-2 所示。

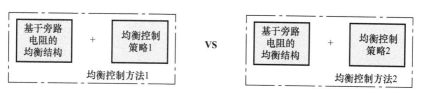

图 5-2 均衡控制方法的比较

关于电池均衡的拓扑结构，笔者在《电动汽车动力电池管理系统设计》[1]中已进行了较为详细的讨论。当然，近年来有不少研究人员或者工程师提出了许多新的均衡拓扑结构，例如本章后面会谈到的两种较新的拓扑结构。

然而，设计了拓扑结构之后，就要制订相应的均衡控制策略。那么，接下来的问题就是：某个均衡控制策略是否可行，如何判断策略1和策略2哪个更优，等等。这些都是本章要讨论的内容。

5.2 均衡控制策略的制订

在均衡拓扑结构一定的前提下，如何制订均衡控制策略呢？又或者说，制订一个均衡控制策略需要解决哪些问题呢？

本节要讨论的是均衡控制策略的"一般问题"，或者说"共性问题"，也就是说，凡是谈到某个均衡控制策略，都必须涉及这些问题。换个角度来说，回答这些问题的本身，就是设计均衡控制策略的过程。

5.2.1 实施均衡的时机

从事电动汽车研发的工程师常常会争论"均衡是不是仅在充电的末期实施"，"电池在放电的过程中是否应该启动均衡"等问题，这些都涉及实施均衡的时机。根据早期对BMS管理策略的研究，人们基本上形成共识，一般在充电的末期实施均衡控制。然而，随着研究的不断深入，我们需要深入讨论在放电中段或者充电中段启动均衡控制的必要性与可行性。

1. 充电末期实施均衡

充电末期均衡是最容易理解的一种模式，也是目前普遍被采用的一种均衡控制模式[45-47]，它是指在充电过程的末期，当组内某个电池充满以后启动均衡控制，直到所有电池都充满为止。

图5-3所示的就是充电末期均衡的过程。电池组内的电池串联充电，图中的B_1、B_2、…、B_n代表一个串联的电池组内每个电池的编号，柱子的宽度都是一样的，柱子的高度表示电池的容量，而深颜色的部分表示电池当前的剩余电量。由图中可见，当电池组内某个电池充满以后，启动均衡控制，直到组内所有电池都充满为止。

一般认为，在充电末期启动均衡能在防止单体过充的同时保证每一个电池都能充满。然而，当均衡电路的电流较小时，充电末期均衡有可能需要较长的均衡时间。

为了尽早实现电池组内电池的一致性，就需要在放电的过程中或者充电的中

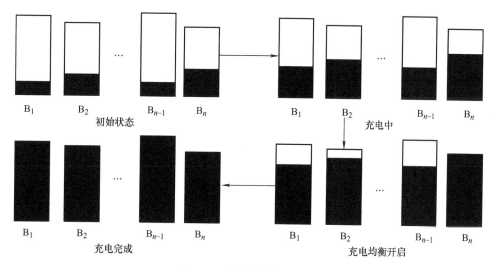

图 5-3 充电末期实施均衡

段就实施均衡控制。下面对这两个启动均衡的时机分别进行讨论。

2. 在放电过程中实施均衡控制

在放电过程中实施均衡控制,指的是在电池组放电的过程中,根据判据发现电池组内单体电池的不均衡度超过了某个阈值,然后触发均衡的操作,直到电池组内"不均衡"的状态被消除为止。

实际上,如果采用"耗散型"的均衡模式,采取放电均衡的意义是不大的,因为这样不能增加电动汽车的续航里程;然而,如果采用"非耗散型"的均衡模式,提前发现电池组内可能存在的不均衡状态,通过电荷转移的方式对电池组内的"短板"电池进行"补齐",可以避免某个 SoC 较低的电芯首先被放完而其他电芯还有较多剩余电量的情况,从而增加电动汽车的续航里程。

图 5-4 所示为放电过程中没有启动均衡的情况,由于没有在放电过程中采取均衡措施,任由串联电池组进行放电,那么剩余电量较少的电芯首先会被放完,从而导致出现其余电池仍然有剩余电量但无法继续放电的情况。

图 5-5 所示为加入了放电均衡后的一种可能情况,BMS 提前发现了第 2 号电芯的 SoC 较低,为了避免该电芯到达 0 的时候,其余电芯仍然有较多的剩余电量,则在放电的过程中启动了放电均衡控制。这样一来,整个电池组所荷带的电量能够充分被利用,相对于图 5-4 的情况,电动汽车的续航里程将会得到提升。

由于电动汽车的电池组是进行串联工作的,每节电芯在串联放电的过程中放出的电量是相同的,因此在放电过程中实施均衡控制的前提是要对每节电芯的"剩余电量"有着较为准确的估算,也就是需要准确估计图 5-4 中的深颜色部分。

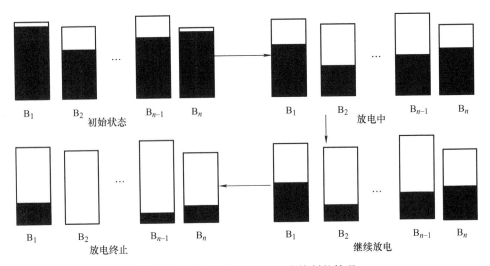

图 5-4　放电过程中不实施均衡控制的情况

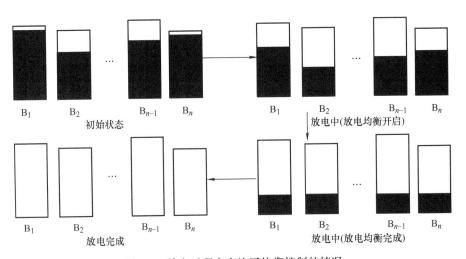

图 5-5　放电过程中实施了均衡控制的情况

这个部分所代表的不是电池的容量,也不是电池的 SoC,而是电池的"剩余电量"。

然而,既然在放电过程中实施均衡控制对于提高电动汽车的续航里程有利,那为何这种方式在实际应用中并没有被广泛采用呢?这是因为,在放电过程中,电池状态的估算误差较大。

一般认为,在放电过程中实施均衡最大的缺点就是可能会发生"判据失效"的情况。假设某个均衡控制的算法是以剩余电量作为均衡依据的,而剩余电量的估算出现了较大的偏差,那么就会出现明明不该启动均衡的时候却启动了均衡,并由于频繁的能量转移而损耗了电池组的电能。更有甚者,就是把原来剩余电量较低的电池中的电荷转移到了剩余电量较高的电池中去,这种"劫贫济富"的做法,对于电动汽车续航里程的损害是很大的。

3. 在充电中段实施均衡控制

在充电中段实施均衡控制,指的是在电池组充电的过程中虽然没有任何一个电芯到达充满状态,但 BMS 根据判据发现电池组内单体电池的不均衡度超过了某个阈值,随即触发均衡的操作,直到电池组内"不均衡"的状态被消除为止。在充电中段实施均衡控制的好处是可以缩短均衡过程,尽早消除电池组内各个电芯的不一致。

图 5-6 所示为充电中段实施均衡控制的情况,BMS 提前发现了电池的不一致,并判断如果到充电末期才实施均衡控制,将需要耗费较长的时间。因此 BMS 在充电中段即开启了均衡控制模式,尽可能保证"柱子"中的非深色部分面积相同,从而加快了电池组达到均衡的速度。

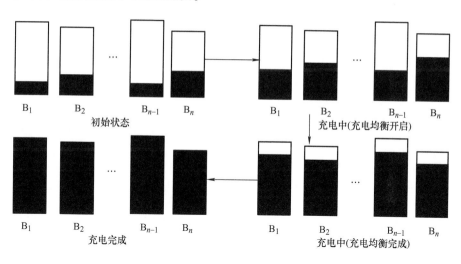

图 5-6 充电中段实施均衡控制的情况

如果充电中段实施均衡的目标是最终实现所有电芯同时充满,那么在实施均衡控制的过程中 BMS 需要对电芯达到充满前需要补充的电量进行估算(即图 5-6 中非深色部分面积),为此,BMS 需要准确地估算出每一节串联电芯的容量以及当前的 SoC。另外,需要注意的是,如果充电过程或者均衡过程中,某一节电芯达到了"满充"的状态,那么均衡控制随即切换到"充电末期均衡控制"模式。

5.2.2 均衡所依据的变量

均衡控制的目标是消除电池组的不一致,至少是降低电池组的不一致的程度,而电池组不一致的表现是多方面的，包括：电池容量不一致，电池当前的剩余电量（以 Ah 为单位）不一致，电池当前荷电状态（即 SoC，以％为单位）不一致，电池内阻不一致，电池自放电速率不一致，等等。

那么，在制订均衡策略时，应该以哪个变量作为"电池已经达到一致"的判据呢？不同的学者给出了不同的答案，但主流而言，主要包括电池的"端电压""SoC""剩余电量"三类。

1. 端电压

电池组内，每一串电池的端电压是可以直接被测量得到的物理量，过去很多均衡策略都是依据电池的端电压来进行的[48-54]。然而，如图 5-7 所示，根据电池模型[1]，由于有极化内阻、电动势滞回效应等不同因素的作用，在动态条件下，电池的端电压既不能反映电池的 SoC，又不能反映电池的剩余电量，因此如果电池处于放电或者充电的过程中，使用电池端电压来作为启动、停止均衡控制的判据是不可靠的。

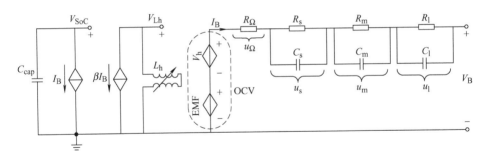

图 5-7 动力电池等效电路模型

假设在充电过程中，电池组内存在两个劣化程度不同的电池 A 和 B，其容量及当前的 SoC 均一致，即

$$\text{EMF}(A) + V_h(A) = \text{EMF}(B) + V_h(B) \tag{5-1}$$

在这种情况下，本来不需要进行均衡。但由于两个电池的内阻有一点差异，具体表现为

$$R_\Omega(A) + R_s(A) + R_m(A) + R_l(A) \neq R_\Omega(B) + R_s(B) + R_m(B) + R_l(B) \tag{5-2}$$

那么当电池组的工作电流不为 0 的时候，两个电池的端电压不相等，即

$$V_B(A) \neq V_B(B) \tag{5-3}$$

如果此时单纯依据端电压作为均衡的依据，那么就会使得原来 SoC 及剩余电量均一致的两个电池变得不一致，由此，既破坏了电池的一致性，又导致能量浪费。

当然，依据端电压作为均衡判据的策略也并非一无是处，如果均衡的时机选择的是"充电末期实施均衡"(即"上对齐"的均衡方式),并且采用耗散型的均衡拓扑结构的情况下,选择较小的电池组充电电流,则可以依据端电压而使电池充满。具体的操作方式为:采用耗散型的均衡拓扑结构,当某个电池的电压超过预设的上限阈值,则通过旁路电阻对其进行放电操作,使其 SoC 降低,放电持续一段时间之后,再对电池组进行串联充电,如此反复并减小串联充电的电流及旁路放电的持续时间,直到组内所有的电池的 SoC 都接近 100% 方可停止。在这特定的情况下,均衡电路的拓扑结构及相应的控制策略都比较简单,但缺点就是有可能均衡所需的时间较长。

2. SoC

与耗散型的均衡拓扑结构不同,当采用非耗散型的均衡拓扑结构时,单纯依据端电压的方式就变得非常不可靠,此时依据 SoC 作为均衡的依据就变得更有优势[55-60]。我们来看下面的一个具体例子。

如图 5-8 所示,电池组内有两个电池(1 号电池和 2 号电池),它们的一致性较差,初始的时候 SoC 相差超过了 20%,电池的端电压相差超过了 0.11V,这时候可以通过非耗散型的方法,将 2 号电池的电荷转移给 1 号电池。此时,由于 2 号电池处于放电状态,其端电压比同一时刻的平衡电势偏低,而 1 号电池处于充电状态,则其端电压比同一时刻的平衡电动势偏高。

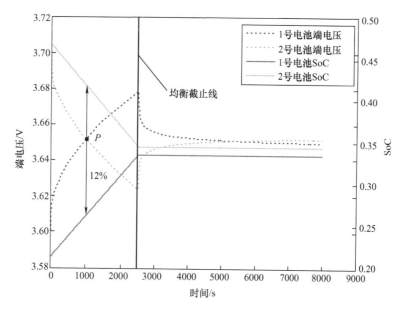

图 5-8 基于 SoC 和基于端电压的均衡对比

如果单纯利用端电压作为判据,那么在时间轴1100s的位置附近,由于两个电池的端电压达到了一致(图中的 P 点),均衡控制将会停止。然而,此时两个电池的 SoC 并不一致,从纵坐标来看,两个电池的 SoC 还相差12%左右。

然而,如果均衡的依据不是端电压,而是电池的 SoC,那么均衡控制应在 P 点之后继续进行,电荷继续从2号电池转移到1号电池,这个过程直到2500s左右停止(考虑到电池的 SoC 估算可能有误差,截止的时候 SoC 并不完全相等,而是相差2%左右)。

当然,依据 SoC 的均衡控制策略对 SoC 的估算精度有着很强的依赖性,其控制效果也与 SoC 的估算误差相关。例如,某个 SoC 估算算法的误差是 ±3%,那么依据 SoC 进行均衡控制的时候,其均衡截止阈值就只能大于6%,因为当2号电池的 SoC 估算值是33%,而1号电池的估算值是27%的时候,有可能这两个电池真实的 SoC 都是30%,这时候必须停止电荷的转移,即非耗散型均衡必须停止。

3. 剩余电量

如第4章讨论 SoC 估算中提到的,在知道电池容量的前提下,SoC 与剩余电量之间存在着换算关系,如图5-9所示。

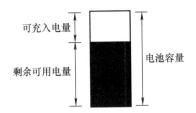

图5-9　SoC 与剩余电量的关系

图5-9所表现的关系可通过下式表示:

$$\text{SoC} = \frac{\text{剩余电量}}{\text{电池容量}} \times 100\% \tag{5-4}$$

从式(5-4)可知,基于剩余电量的均衡策略需要在已知各个单体电池容量的前提下,结合 SoC 估算电池的当前电量,进而以电池的剩余充电或剩余放电电量为标准进行均衡[61-65]。对于剩余电量在设定范围内的电池不做均衡操作,当剩余电量超过阈值上限时需要进行放电均衡,电池的电荷通过转移或耗散的方式得以降低,当低于阈值下限时进行充电操作,从电池组中获取电荷,使得电池组各个电池的剩余电量保持在相对均衡的水平。

根据不同的应用需求,基于剩余电量的均衡可以具体分为"基于剩余充电电量的均衡"和"基于剩余放电电量的均衡"两种形式。两者的区别可结合图5-10来理解。图5-10中,电池的每一种电量状态,都可以用一个处于特定位置的圆点来表示,其中圆点的横坐标表示电池的容量,纵坐标表示在当前状态下的剩余电量。

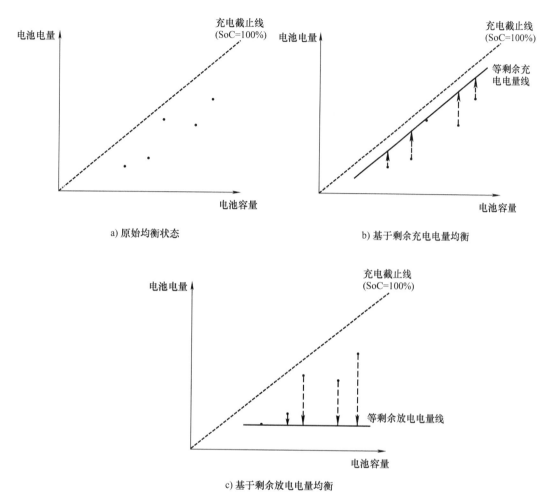

图 5-10 剩余充电电量均衡和剩余放电电量均衡的区别

理想状态下,当所有电池的剩余电量都等于其容量时,电池组完全充满,此时将所有圆点连起来将得到一条与坐标轴夹角为45°的射线,如图5-10中的虚线所示。

当选择以剩余充电电量作为均衡变量时,均衡的目标则确定为:使每个电池距离满充状态的电量相等,在图中则表现为一条与45°虚线平行的直线,如图5-10b所示。

类似地,当选择以剩余放电电量作为均衡变量时,均衡的目标则确定为:使每个电池距离放空状态的电量相等,在图中则表现为一条与 x 轴平行的直线,如

图 5-10c 所示。

为了最大限度地利用每个单体电池的剩余电量,还可以将基于剩余充电电量和剩余放电电量两种方法相结合进行均衡,均衡的目标则确定为:在充电阶段以剩余充电电量为标准,使得每一个电池都可以充满;在放电阶段以剩余放电电量为标准,使得每一个电池都可以放空。在图 5-10 中,这种均衡方式可理解为是一个处于图 5-10b 与图 5-10c 之间的动态调整过程,始终能够保证个单体电池同时充满和同时放空。

图 5-10 所述的过程可以结合 5.2.1 节的几种均衡控制情况进行理解:基于可充入电量的均衡可以保证所有电池同时充满,但放电时,电池组可放出的电量仍然受限于容量最小的电池,无法完成"下对齐"。相反地,基于剩余可用电量的均衡可以保证所有电池同时放空,但充电时也是容量最小的电池最先充满。通过两者结合可以充分利用电池单体的荷带电量,电池组最终能放出来的最大电量取决于各单体的平均容量。基于上述分析,采用不同均衡变量时,电池组可以实际放出的电量可由下式表示:

$$C_{\text{discharge}} = \begin{cases} N \cdot C_{\min}, \text{基于剩余充电电量} \\ N \cdot C_{\min}, \text{基于剩余放电电量} \\ N \cdot \overline{C}, \text{基于剩余充电电量和剩余放电电量} \end{cases} \quad (5-5)$$

式中,$C_{\text{discharge}}$ 为电池组的最大放电容量;$C_{\min}$ 为电池组中单体电池的最小容量;$\overline{C}$ 为电池组的平均容量。

基于剩余电量的均衡方案可通过下述步骤实现。

(1) 单体电池容量估算

在离线情况下,单体电池的容量可以通过对电池进行满充满放获得。但是对于成组的电池而言,却需要一种更为便捷的在线估算方法。常用的容量在线估算方法如式 (5-6) 所示,可由电流积分法的公式推导得出。

$$C_{\text{new}} = \frac{\int_{t_0}^{t_1} i(t) \, \text{d}t}{\text{SoC}(t_0) - \text{SoC}(t_1)} \quad (5-6)$$

单体电池容量的估算精度依赖于 SoC 的估算精度以及电流传感器的采样精度。基于剩余电量的均衡策略需要知道单体电池的剩余电量,计算方法如下:

$$Q(t) = \text{SoC}(t) \cdot C_{\text{new}} = \text{SoC}(t) \cdot \frac{\int_{t_0}^{t_1} i(t) \, \text{d}t}{\text{SoC}(t_0) - \text{SoC}(t_1)} \quad (5-7)$$

其中,式 (5-6) 和式 (5-7) 中,$Q(t)$ 为 t 时刻剩余电量;C_{new} 为估算出的电池容量;电流 i 为关于时间 t 的函数;$\text{SoC}(t)$ 为在 t 时刻电池 SoC 的大小。

电池的剩余电量需要多次对 SoC 进行估算得到，不管是使用电流积分法还是开路电压法，对电池剩余电量的估算误差比单独估算 SoC 时更大。

（2）开启均衡

在均衡过程中如果使用电流积分法得到单体电池的实时电量，这就需要为每一个均衡通道设置一个电流采样电路，增加了均衡电路板的开发难度，同时电流积分过程也容易产生累积误差。在充放电阶段，电池组中电池以每一个电池都能充满为目标进行均衡，保持相同的剩余充电电量，在电池组放电过程中，通过"劫富济贫"，将电量高的电池的电量转移至低电量电池中，保证电池组容量的充分利用。

对于均衡变量而言，均衡设定的启动停止条件以及变量的估算误差也是均衡策略需要考虑的内容。

均衡控制策略通过控制端电压、SoC 或剩余电量的一致性实现电池组均衡的目的。而结合不同的拓扑结构，选用哪一种更加合适，是均衡策略首先需要分析的问题。本章后续内容将对这些变量的选择进行对比分析，以便选择出最适合用于均衡策略的控制变量。

5.3 两种非耗散型的均衡控制策略

基于 5.2 节讨论的均衡控制策略关键指标与设计流程，本节结合两种有代表性的非耗散型均衡拓扑结构，通过对均衡所依据的变量、均衡时机以及均衡参数的分析，介绍均衡控制策略的制订过程。

5.3.1 两种非耗散型均衡拓扑结构

本节针对乘用车电池系统，提出基于小型充电机的分级均衡、铅酸电池中转均衡两种非耗散型的均衡拓扑结构，并对其均衡控制策略的制订过程进行分析。

1. 基于小型充电机的分级均衡

基于小型充电机的分级均衡指的是将电池组分为多个小组，小组内实施初级均衡（Low-level Balancing，LLB）控制策略，小组与小组之间进行次级均衡（High-level Balancing，HLB）控制策略，具体拓扑结构如图 5-11 所示。

从图 5-11 可知，分级均衡拓扑结构可以分为 LLB、HLB 两部分。将整个电池系统划分为若干个电池小组，每个小组与一个独立的小型充电机连接，均衡过程受中央控制单元统一控制，各小组内独立实施 LLB，组间实施 HLB，不同小组间的均衡状态通过控制总线进行通信。现对两个层级的均衡拓扑结构介绍如下。

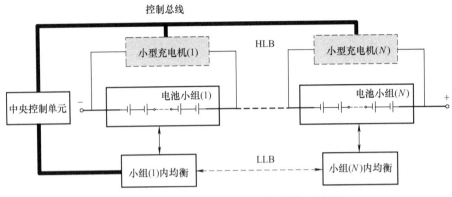

图 5-11 基于小型充电机的分级均衡示意图

(1) LLB 拓扑结构

基于小型充电机的分级均衡，其组内 LLB 拓扑结构如图 5-12 所示。从图中可知，LLB 拓扑结构基于双向同步反激电路进行设计，均衡电路主要由开关电路与双向变压器组成。

由于整个系统内的电池单体不一定都能被平均分配，因此每个电池小组中的电池数目可能不一样，但其组内均衡的逻辑是相同的。此外，电池小组的划分也需要考虑成本和均衡效率问题。若电池小组划分过多，则要求配套更多的充电机，不利于在现实中应用；相反地，若电池小组划分过少，则降低了组内均衡的效率，无法针对每个电池单体进行精细均衡。在实际应用中，笔者建议可以 12 个左右的单体作为一个小组进行均衡。

在电池小组内，电池单体与小组通过双向变压器连接。单体电池可以通过充放电模式与小组内的其余电池进行能量转移。然而，考虑到一些均衡控制芯片直接控制的电池个数与电池小组的单体个数可能不相同，比如，典型地，ADI 公司的 LTC6804/LTC6811 系列芯片，主要面向 6 个以内的单体电池，那么在一个包含 12 个单体的电池小组内，则需要至少两块芯片进行控制。因此对于一个电池小组，还需要针对芯片的通道数，进一步划分为若干个均衡单元，并考虑单元之间的均衡关系。

图 5-12 展示了一个包含 n 个单体，并以 $2m$ 个单体作为均衡单元的电池小组。组内的单体电池可以通过放电模式，将电量放至所在均衡单元，并为均衡单元中的其他电池充电；也可以通过充电模式，从均衡单元的其他电池中获取电量。均衡单元之间通过首尾相接的形式，相邻均衡单元之间共享 m 个单体，通过共享单体作为传递中介，完成不同均衡单元之间的电量互补，从而实现电池小组内的整体均衡。

具体而言，每个单体电池上并联一个双向变压器，变压器一次绕组与电池并

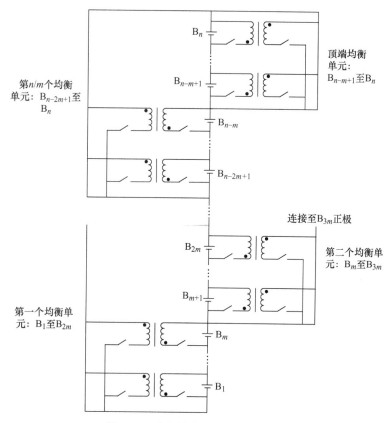

图 5-12 分级均衡的 LLB 拓扑结构

联,变压器二次绕组与单体所在均衡单元正负极相连,并由开关控制通断。每个均衡单元以"菊花链"的形式进行拓展,可以适应任意个数的电池。如图 5-12 所示,第一个均衡单元的电池包含 $2m$ 个双向变压器,变压器二次绕组一端与均衡单元负极相连,变压器二次绕组另一端与均衡单元正极相连,依次类推。由于处于最顶端的均衡单元无法按照类似形式连接至下一个单元,因此最后 m 个电池可独立形成一个均衡单元。

通过这种形式连接,可以解决均衡芯片通道数和电池小组单体个数的适配问题。均衡芯片直接对 m 个单体进行管理,通过若干个均衡单元相互连接,可覆盖到任意数目的电池单体,具有较强的可拓展性。同时,每个单体可以与所在均衡单元进行均衡,也可以与整个电池小组的其他电池形成能量流动,保证了电池小组的整体性。

LLB 拓扑结构可以支持电池双向均衡,既可以通过电池组对单体电池充电,又可以通过放电将单体电池的能量释放至组内的其他电池。

在不考虑能耗的前提下，假设均衡电路中双向变压器充电电流为 I_{charge}，放电电流为 $I_{\text{discharge}}$。每个单体可能向外输出电荷，也可能接受来自不同单体的电荷。因此对于每个电池单体，其实际的均衡电流会受其余电池均衡状态的影响，是所有作用在该电池上的电流的叠加。

假设电池 k 所在电池均衡单元中，处于充电模式的电池数目为 k_1，处于放电模式的电池数目为 k_2，则该均衡单元中（除最顶端均衡单元）的均衡电流 I_k 可由下式计算：

$$I_k = I + k_1 \frac{I_{\text{charge}}}{2m} + k_2 \frac{I_{\text{discharge}}}{2m} \tag{5-8}$$

式中，定义充电电流为正，放电电流为负，若电池 k 处于充电模式，则有 $I = I_{\text{charge}}$；若电池 k 处于放电模式，则有 $I = I_{\text{discharge}}$；若电池 k 无需充放电，则有 $I = 0$。

对于顶端均衡单元的电池，由于没有下一电池均衡单元与之相连，因此当电池 k 处于顶端均衡单元时，其均衡电流由下式计算：

$$I_k = I + (k_3 - k_5) \frac{I_{\text{charge}}}{2m} + (k_4 - k_6) \frac{I_{\text{discharge}}}{2m} + k_5 \frac{I_{\text{charge}}}{2m} + k_6 \frac{I_{\text{discharge}}}{2m} \tag{5-9}$$

式中，k_3、k_4 分别为次顶端均衡单元中，分别处于充电模式和放电模式电池的数目；k_5、k_6 则分别为顶端均衡单元中的充电和放电电池数目。

LLB 拓扑结构可以根据电池数目以及控制芯片的具体通道数合理分配均衡单元，具有良好的拓展性，但是从拓扑结构上看，当能量从第一个均衡单元中电池传递至顶端均衡单元中电池时，时间随电池数目的增加而延长，因此对于整个电池组，尤其是如电动汽车电池系统这样的大型电池组，需要配合 HLB 拓扑进行分级均衡。当只将电池组分为一个小组，那么只有一级均衡，这是分级均衡拓扑结构的一种特例。

（2）HLB 拓扑结构

如图 5-11 所示，对电池组进行分组后，可为每个电池小组配置单独的小型充电机，对电池小组进行充电，完成组间均衡。这里所说的小型充电机是相对于能为整个电池组充电的大型充电机而言的，其功率与体积都更小。充电机正负极分别与电池小组正负极相连，并与外部电源相接。

在基于小型充电机的分级均衡中，先开启 LLB 控制策略，对小组内电池进行均衡，当各电池小组的 LLB 完成后，开启 HLB 进行"上对齐"充电，使得各小组充电至满电状态实现组间均衡。分级均衡的具体控制策略将在后面章节详细介绍。

2. 铅酸电池中转均衡

由于汽车的起动或其他用电设备，如收音机、鼓风机、照明、雨刮器等，都需要使用 12V 或 24V 的铅酸电池进行供电，因此汽车都必须配备铅酸电池作为弱电系统的电源。因为铅酸电池的电压与单体电池的电压较为相近，所以可通过将铅酸电池作为电池均衡的一个中间载体，利用相对简单的电压变换电路实现电荷的中转均衡。

铅酸电池中转均衡的拓扑结构如图 5-13 所示。从图中可知，每个电池组中的每个单体电池都并联一个双向变压器，变压器一次绕组与单体电池相连，变压器二次绕组与铅酸电池相连，并通过开关控制能量的转移过程。当单体电池能量偏低，需要充电时，能量通过铅酸电池经过变压器传递至该电池；当单体电池能量偏高，需要放电时，能量从单体电池经过变压器转移至铅酸电池中。通过该拓扑结构可以实现能量的同步转移，并且避免了复杂的电路设计和昂贵的成本。

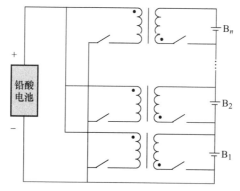

图 5-13　电池组铅酸电池中转均衡拓扑结构

根据前面的分析，小型充电机分级均衡和铅酸电池的中转均衡两种非耗散型均衡方案，都需要配合一定的均衡控制芯片来实现。在具体应用中，基于 ADI 公司的 LTC3300 均衡芯片以及 LTC6804/LTC6811 电压采集芯片是一种可行的方案。每片 LTC3300 可以对 6 个串联的电池进行双向均衡控制，每片 LTC6804/LTC6811 可以同时监测 12 个电池电压。因此，可以基于两片 LTC3300 和一片 LTC6804 设计成均衡子板，从而将整个大功率电池组分为若干个电池小组进行均衡。

3. 两种非耗散型均衡拓扑结构对比

由于耗散型均衡拓扑结构简单、成本低，因此目前 BMS 大多都使用单向耗散均衡的方法，对 SoC 较高的电池进行放电。传统的耗散型均衡拓扑结构通过开关阵列控制每一个电池的通断，通过电阻将电池中多余的能量耗散，使得电池组达到均衡。

这里采用传统的耗散型均衡作为参照，对两种非耗散型均衡方案的拓扑结构进行分析，主要从器件复杂性、均衡独立性、可拓展性、均衡类型和空间需求进行对比。

表5-1中，两种非耗散型均衡拓扑结构都需要与电池相对应数目的DC/DC变换电路，当分级均衡中电池小组两端电压大于铅酸电池电压时，DC/DC变换电路成本比铅酸电池中转均衡拓扑结构的更高。分级均衡中LLB能量通过电池间的电荷转移达成均衡，均衡过程中组内电池相互影响，因此控制模型、算法相对复杂。对于铅酸电池中转均衡以及传统的耗散型均衡拓扑而言，电池与电池之间没有直接的能量传递，均衡过程是相互独立的，控制策略相对简单。

表5-1 均衡拓扑结构对比

	分级均衡	铅酸电池中转均衡	传统耗散均衡
器件复杂性	需要n个DC/DC变换电路以及多个小型充电机	需要n个DC/DC变换电路	无需DC/DC变换电路
均衡独立性	独立HLB，非独立LLB	每个电池间不直接进行能量传递，均衡相互独立	每个电池间不相互传递能量，均衡相互独立
可拓展性	一般以电池小组形式进行拓展	以单体形式进行拓展	以单体形式进行拓展
均衡类型	非耗散型	非耗散型	耗散型
空间需求	需要为小型充电机预留位置	较小	较小

注：n为电池组电池数目。

5.3.2 分级均衡控制策略

针对5.3.1节介绍的分级均衡拓扑结构，本节制订相应的均衡控制策略，并对策略中各参数取值进行讨论。

1. 均衡变量与均衡时机选择

采用不同的均衡变量，其均衡逻辑可以相同，因此这里以均衡变量为SoC为例进行说明，基于端电压和剩余电量的情况与之类似。如式（5-10）所示，用于评估电池一致性状态的变量有方差s^2、均衡的最大差值δ_1，以及每个电池偏离均值的大小$\delta_{2,i}$。

s^2可以反映整个电池组的离散状态。δ_1反映电池组的可用容量损失情况，这是由于受"短板效应"的影响，电池组内容量最大和容量最小单体之间的容量差值是无法有效利用的。$\delta_{2,i}$则用于评估第i个电池相对于整个电池组平均值的偏离情况。在均衡操作中，可结合δ_1和$\delta_{2,i}$进行均衡判断。

$$\begin{cases} \overline{\text{SoC}} = \sum_{i=1}^{n} \text{SoC}_i \\ s^2 = \sum_{i=1}^{n} (\text{SoC}_i - \overline{\text{SoC}})^2 / n \\ \delta_1 = \text{SoC}_{\max} - \text{SoC}_{\min} \\ \delta_{2,i} = \text{SoC}_i - \overline{\text{SoC}} \end{cases} \quad (5\text{-}10)$$

式中，SoC_i 为第 i 号电池对应的 SoC；$\overline{\text{SoC}}$ 为电池组中 SoC 的均值大小；$\text{SoC}_{\max}$、$\text{SoC}_{\min}$ 分别为电池组中单体电池 SoC 的最大值和最小值。

制订具体的均衡策略时，电池组整体的均衡开启和结束条件，可通过对比电池组的 SoC 差值 δ_1 和某个阈值 ΔSoC_1 的大小来判断。当 $\delta_1 > \Delta \text{SoC}_1$ 时，启动电池组均衡，所有单体电池开始根据自身情况进行均衡充电或放电操作；当 $\delta_1 \leqslant \Delta \text{SoC}_1$ 时，所有均衡停止。

类似地，每个电池单体的均衡开启和结束条件，可通过对比电池单体的 SoC 偏移值 $\delta_{2,i}$ 和某个阈值 ΔSoC_2 的大小来判断。设定阈值范围 $[\overline{\text{SoC}} - \Delta \text{SoC}_2, \overline{\text{SoC}} + \Delta \text{SoC}_2]$，当某个电池的偏移量 $\delta_{2,i}$ 为正数并大于 ΔSoC_2 时，该单体电池执行放电操作；当 $\delta_{2,i}$ 为负数并小于 ΔSoC_2 时，执行充电操作；当 SoC 处于阈值范围内时，则无需均衡操作。

由上述说明可知，对于某种特定的均衡策略，ΔSoC_1、ΔSoC_2 为预先设置的固定值，不随均衡过程而改变，$\overline{\text{SoC}}$、s^2、$\text{SoC}_{\max}$、$\text{SoC}_{\min}$、δ_1、$\delta_{2,i}$ 等变量则是随均衡进行不断变化的动态值。

上述过程可通过图 5-14 进行说明。根据电池当前 SoC 和预先设定的阈值，来判断电池将要执行的均衡操作。电池的均衡操作可以分为三种：①均衡放电，电池能量较高，需要放电降低该电池的能量；②均衡充电，电池能量较低，需要充电从电池组中其余电池中获取能量；③不均衡，电池处于均衡状态，无需均衡操作。

由于电池端电压容易受电池的内阻、均衡电流影响，不能直接反映出电池当前的 SoC，而基于剩余电量的估算方法需要对单体电池的容量进行估算，因此从准确性与复杂性综合考虑，这里的分级策略选择以 SoC 作为均衡变量。

在电动汽车的使用过程中，电池组一般不会完全放空。同时，电动汽车电池组的放电过程有以下两个特点：第一，汽车在运行过程中，工况较为复杂，电池的放电电流不稳定，对于均衡变量的检测存在误差，容易造成无效均衡；第二，如果在放电末期再开启均衡，此时电池不均衡已经形成，再开启均衡，短时间内无法使汽车可用容量得到有效提高。因此，在实际应用中不适宜在放电过程进行均衡。然而，在特定条件下，比如每次停车的时间，可以进行短暂均衡，这是由

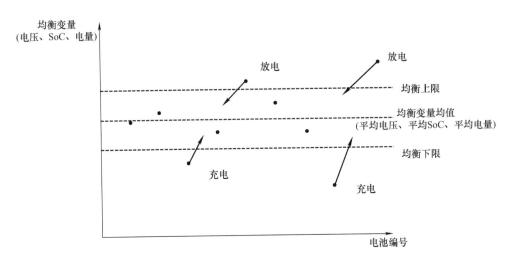

图 5-14 非耗散型均衡操作示意图

于停车过程中的电流为零或很小，有利于提高均衡的效果和准确性。

与放电过程不同，电动汽车电池组经常会充电到满电状态。同时，充电过程时间较为充裕，可以有充分的时间进行均衡操作。在均衡充电的末期，当存在某个电池充满时，此时电池组无法继续充电，可以开启均衡对电池组进行均衡，使得电池组趋于一致，实现"上对齐"均衡。

相比单向均衡，双向均衡可以提高电池的容量利用率，因此，综合上述考虑，可以从容量利用率的角度选择充电均衡，并以放电停车均衡作为补充。

2. 分级双向均衡策略

(1) 分级双向均衡控制策略

图 5-15 所示为分级双向均衡控制策略流程。其中，当电池组进行充电，并且电池组内存在任一电池充满时，开启充电均衡；当处于停车状态时，开启放电均衡。

如图 5-15 所示，分级双向均衡模型主要分为以下几个步骤：

(a) 电池电压检测。任何一种策略都依赖于对电池基本数据的检测。通过数据对电池充放电模式进行判断，当电池组处于充电时，开启充电均衡，转至步骤 (b)，否则转至步骤 (d)。

(b) 首先通过总充电机为电池充电，当检测到电池组中存在电池已经充满时，转至步骤 (c)。

(c) 依据选用的均衡变量对均衡是否需要开启进行判断。当选用的变量超过均衡阈值范围时，即 $\delta_1 > \Delta SoC_1$，此时开启 LLB 对小组内电池均衡，否则，结束充电均衡。重复步骤（b）、（c），直至充电均衡完成。对于分级均衡，一般先进行总充，再开启 HLB，因为以 SoC = 100% 为目标进行微充的形式更容易控制。

（d）依据选用的均衡变量对均衡是否需要开启进行判断。当选用的变量超过均衡阈值范围时，即 $\delta_1 > \Delta SoC_1$，此时开启 LLB，否则，结束均衡。因为在放电过程中，小型充电机不存在使用条件，所以只开启 LLB，直至小组内电池处于均衡。

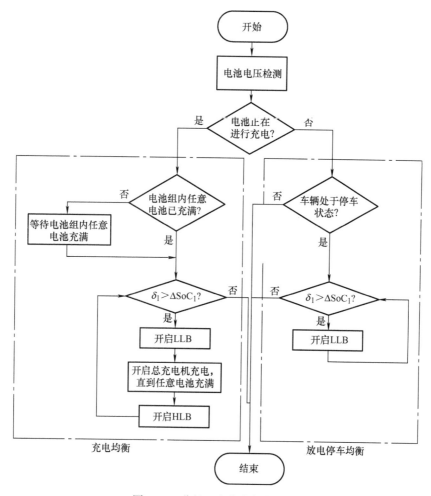

图 5-15　分级双向均衡控制策略

（2）LLB 控制策略

对于分级均衡中的充电均衡与放电停车均衡，都需要在满足均衡条件后，开启 LLB，具体流程如图 5-16 所示。LLB 控制策略的主要步骤如下：

（a）均衡判断，监测电池电压，估算电池 SoC，依据均衡条件判断电池中每一个电池的均衡状态以及需要执行的均衡操作，判断完成后跳至步骤（b）。

（b）计算均衡时间，开启均衡操作。当均衡操作完成后，搁置一段时间进行 SoC 估算，转至步骤（c）。

（c）重复（a）、（b）过程直到 $\delta_1 \leqslant \Delta SoC_1$，转至步骤（d），否则重复步骤（a）~（c）。

（d）LLB 结束。

通过步骤（a）~（d）可以使电池组达成均衡，在此过程中对于均衡判断以及均衡操作的讨论如下。

如图 5-16 所示，依次对均衡单元中每个电池的均衡状态进行判断，设定均衡单元中的平均$\overline{SoC}$作为均衡目标，设定电池均衡范围为 $[\overline{SoC} - \Delta SoC_2, \overline{SoC} + \Delta SoC_2]$，当电池 SoC 大于阈值上限时，执行放电操作；当电池 SoC 小于阈值下限时，执行充电操作；否则，无需均衡操作。

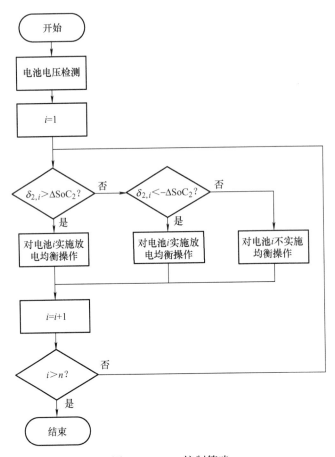

图 5-16 LLB 控制策略

在均衡过程中，若采用 SoC 或剩余电量作为均衡变量时，由于均衡电流、能耗、温度等变化，精确估算 SoC 较难，因此可采用"计算均衡时间→开启均衡操作→搁置估算 SoC，并做均衡判断"的方式开启均衡，并不断重复该过程，如图 5-17 所示。通过均衡后的搁置电压值估算电池 SoC，可以提高均衡的准确性，若采用安时积分法或其余无需搁置的方法估算 SoC，则搁置时间为 0。采用开路电压法进行 SoC 估算时，需要预留时间进行开路电压值的估算。

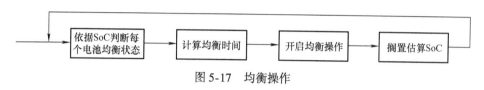

图 5-17 均衡操作

为了避免电池组均衡过程中发生过均衡和无效均衡的情况，计算均衡时间时，以 SoC 偏差最小的电池以及电池的容量进行计算，均衡时间如下：

$$t = kC\left(\min\left|\frac{\text{SoC}_i - \overline{\text{SoC}}}{I_i}\right|\right) \tag{5-11}$$

其中，为了避免过均衡，取需要均衡的电池 SoC 与 $\overline{\text{SoC}}$ 之差最小值进行均衡时间计算，且为了避免无效均衡，每次开启均衡后被均衡电池的 SoC 的变化不小于 0.1%，为了避免过均衡，设定每次开启均衡的 SoC 变化不超过 2%。其中，I_i 为第 i 号电池对应的均衡电流，C 为电池容量，k 为修正系数，防止由于容量或电流的误差引起过均衡现象。

假设 t_0 为 SoC 估算时间，k_1 为均衡过程估算 SoC 的次数，t_1 为 LLB 工作时间（工作电流不为 0），则均衡总时间如下：

$$T = t_1 + k_1 t_0 \tag{5-12}$$

由式（5-11）和式（5-12）可知通过改变均衡电流和修正系数 k 的大小以及对 SoC 估算方法进行优化可以对 LLB 的均衡时间进行优化。

结合式（5-12）可知基于小型充电机的充电均衡总时间为

$$T = t_1 + t_{总充} + t_2 + k_1 t_0 \tag{5-13}$$

式中，$t_{总充}$ 是总充电机充电时间；t_2 为 HLB 最长时间；$t_1 + k_1 t_0$ 为所有小组中 LLB 的最长时间。

同理，可以定义整个过程中能耗为

$$E = E_{总充} + E_2 + E_{线损} + E_{电池内耗} + E_{板耗} \tag{5-14}$$

式中，$E_{总充}$、E_2 分别为总充电机和小型充电机的充电效率引起的能量消耗；$E_{线损}$ 和 $E_{电池内耗}$ 分别为均衡过程中在导线上和电池内阻上的能量消耗；$E_{板耗}$ 为板耗，包括电路板上线路、电子元器件等的能量消耗。因为总充电机为外置充电机，其由于充电效率导致的发热不影响电池箱内部的温度，所以，可知每次完整的均衡过

程中，电池箱内部平均热耗散功率为

$$P = \frac{E_2 + E_{线损} + E_{电池内耗} + E_{板耗}}{T} \tag{5-15}$$

5.3.3 铅酸电池中转均衡控制策略

本节对铅酸电池中转均衡的控制策略中涉及的均衡变量、均衡时机和具体的策略制订进行讨论。

1. 均衡变量与均衡时机选择

均衡变量对于均衡过程的影响具有相似性，在均衡末期基于端电压均衡需要不断地对均衡进行微调。基于剩余电量的均衡方法，需要对每个电池的容量进行准确的估算，在实现上更加困难。因此选择 SoC 作为铅酸电池中转均衡判断电池一致性的变量。设定当电池组 $\delta_1 \leqslant \Delta SoC_1$ 时，电池组完成均衡；反之，当 $\delta_1 > \Delta SoC_1$ 时，开启均衡；若均不满足条件，则无需进行均衡。

从容量利用率的角度分析，均衡时机为双向均衡时可以有效提高均衡的容量利用率，分级均衡的双向均衡中放电均衡只能实现电池小组内的均衡，无法实现整个电池组的均衡，而铅酸电池中转均衡是面向整个电池组的，可以实现整个电池组的均衡。

2. 铅酸电池中转双向均衡策略

铅酸电池中转均衡根据作用过程以及均衡目标的不同分为双向均衡（充电过程以 SoC=100% 为均衡目标，放电过程以 SoC=0 为均衡目标）、充电均衡（以 SoC=100% 为均衡目标）、放电均衡（以 SoC=0 为均衡目标）。

铅酸电池中转双向均衡控制策略流程如图 5-18 所示。

从图 5-18 可知，铅酸电池中转双向均衡主要分为以下几个步骤：

（a）电池电压检测。判断电池组的充放电模式，当电池组处于充电时，开启充电均衡，转至步骤（b），否则开启放电均衡，转至步骤（d）。

（b）通过总充电机为电池充电，当检测到电池组中存在电池充满时，转至步骤（c）。

（c）对电池组内电池进行均衡操作。当选用的变量超过均衡阈值范围 $\delta_1 > \Delta SoC_1$，此时开启铅酸电池中转均衡对电池组内电池进行均衡（使得电池组内电池 SoC 一致，不再进行充放电），否则，结束均衡。重复步骤（b）、（c），直至充电均衡完成。

（d）开启放电均衡操作。当选用的变量超过均衡阈值范围 $\delta_1 > \Delta SoC_1$，此时开启铅酸电池中转均衡对电池组内电池进行均衡，否则，结束放电均衡。

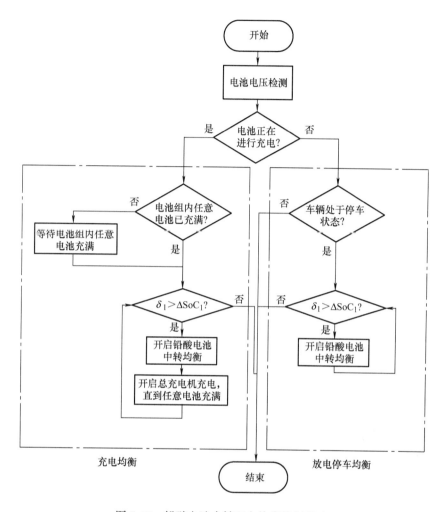

图 5-18　铅酸电池中转双向均衡控制策略

从上述过程可知，铅酸电池中转双向均衡的步骤与图 5-15 分级双向均衡中的 LLB 类似，只是均衡对象的范围不同，分级均衡中的 LLB 以电池小组内的均衡单元为对象，而铅酸电池中转均衡可以整个电池组为对象。利用铅酸电池进行中转均衡，电池组中每一个电池具有更强的独立性，相互之间不直接进行能量转移，而是通过铅酸电池作为中转，单独对每一个电池进行充电与放电均衡操作。

值得注意的是，由于铅酸电池自身存在电流限制，均衡电流不能超过铅酸电池的充放电上限，当达到充放电限制条件时，需要减少相应充放电电池的数目以减小电流。此外，为了避免铅酸电池过充过放，在具体应用中，需要设定当铅酸电池 SoC < 10% 时，要求电池组为铅酸电池进行充电；类似地，当铅酸电池 SoC > 90% 时，需要将电量转移至电池组中能量较低的电池当中，以保证铅酸电池的电量始终处于合理状态。

5.4 均衡控制策略的评价与对比

当均衡控制策略确定以后，就需要讨论"哪种策略更优"的问题。在笔者的第二本书[2]中，就"均衡所需要的时间""能耗"两个方面对均衡进行了评价。本节将在此基础上，丰富均衡控制策略的评价指标。

5.4.1 均衡控制策略的评价指标

对于均衡控制策略而言，主要考虑均衡效果（均衡是否能够收敛）、对电池寿命的影响、时间消耗及能量消耗。以下从这四个方面建立均衡评价体系。

1. 均衡效果

（1）收敛性

均衡效果体现在均衡是否能够正常收敛，即对于任意情况均衡策略都能使其收敛至既定阈值内。例如，当设定电池均衡目标为变量均值 $\pm \Delta SoC$，当每个电池小组内电池都收敛于区间 $[\overline{SoC} - \Delta SoC, \overline{SoC} + \Delta SoC]$，此时说明均衡正常收敛。均衡的收敛性是均衡的一个重要指标，对于均衡而言，如果均衡无法收敛，均衡操作不能正常停止，则在均衡过程中能量是不断消耗的，该种策略会致使电池能量在均衡中不断浪费，直至电池能量为 0。

收敛性是均衡的最基本的指标，策略只有正常收敛对其他指标的讨论才有意义。

（2）容量利用率 η_{cap}

均衡的主要目的是消除均衡的不一致性，提高容量的利用率。不妨将容量的利用率定义为电池组最大放电容量 $C_{discharge}$ 与所有单体电池电量的均值 $\overline{C}$ 之比。

$$\eta_{cap} = \frac{N \cdot C_{discharge}}{N \cdot \overline{C}} = \frac{C_{discharge}}{\overline{C}} \tag{5-16}$$

最理想的情况是电池均衡过程中无能量损失，经过均衡操作，在充电过程中每一个电池都能完全充满，在放电过程中，每一个电池都能完全放空。电池的容量得到充分利用，此时容量利用率为 100%。电池组的容量利用率是评价均衡效果的另一个重要指标。

2. 对电池寿命的影响

电池在均衡过程中，往往伴随着电池的充电或放电操作，经研究发现，电池的容量衰减与电池的累计充放电电荷相关。均衡对电池寿命的影响体现在均衡过程中累计充放电电量的大小。在对均衡策略进行评价的过程中，通过平均累计充放电电荷对电池的寿命进行量化比较。

$$Q = \frac{1}{n}\sum_{m=1}^{n}\int |i| \, \mathrm{d}t \tag{5-17}$$

式中，Q 为电池平均累计充放电电荷；i 为均衡电流。在对电池寿命的分析中，以 Q 作为均衡对电池寿命影响的指标，均衡过程累计充放电电量越大，均衡对电池寿命的保护越差。均衡策略中对电池寿命的保护效果也是评价均衡策略的指标之一。

3. 时间消耗

虽然对于储能型 BMS 而言，时间消耗并非优先考虑的因素；但是对于 BMS 而言，总是希望在较短的时间内消除电池的不均衡。这样一来，就希望电荷能从 SoC 较高的电池快速地转移到 SoC 较低的电池上。

对于某种特定的均衡初始条件而言，即均衡变量、均衡时机、参数取值以及电池组的初始容量分布都确定后，对应的均衡时间消耗也是确定的。然而，对于整个均衡策略而言，需要对均衡中的各种可能出现的初始条件都进行综合分析，给出总体的评价指标。其中，均衡的时间分布、均衡的最大时间、平均时间都是体现均衡时间的参数之一。均衡的时间分布反映的是最终均衡效果在不同初始条件下的离散程度，体现均衡策略的稳定性。均衡的最长时间反映极端条件下的均衡时长，在实际应用中，可以根据实际需求设定最长时间 $t_{\max}$，例如充电均衡必须在夜间充电时完成，均衡的总时间最大不能多于12h等。均衡的平均时间体现的是该均衡策略在时间消耗方面的总体水平。

4. 能量消耗

在充放电均衡操作过程中，电荷的"得"与"失"伴随着能量的"得"与"失"，在能量转移过程中由于效率的原因会伴随着能量的消耗。能量的消耗可以反映出均衡方案的总体性能，体现出其对能量的保护程度。能量消耗的绝对值直接与 BMS 的热管理相关，电池组在均衡过程中，释放的能量越少，代表着该策略对应的 BMS 热管理的难度大大降低。均衡的能耗分布、均衡的最大能耗、均衡的平均能耗都是体现均衡能耗的参数之一。与时间消耗相同，均衡的平均能耗体现出均衡策略在能量保护上的总体水平。

如图 5-19 所示,均衡前后的能量差值 ($E_0 - E_5 - E_6 - E_7 - E_8$) 即为均衡的能量消耗。

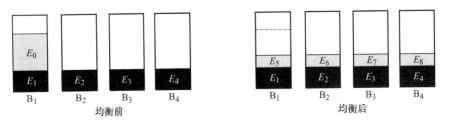

图 5-19　能量转移示意图

此外,电池箱内部的热耗散功率也是需要考虑的参数之一,热耗散功率定义为电池箱内部的能耗与时间之比,如式(5-18)所示。其中 E 为电池内部消耗的能量(在电池箱外部的发热不计入统计),T 为均衡的时间。

$$P = \frac{E}{T} \tag{5-18}$$

此外,对于均衡系统的评价还包括安全性、可行性等,而均衡收敛性、容量利用率 η_{cap}、均衡对电池寿命的影响 Q、均衡时间 T、均衡能耗 E、电池热耗散功率 P 这 6 个指标往往相互结合对策略进行综合评价。其中,均衡收敛性是均衡策略的最重要的一个指标,因为如果均衡策略无法收敛,那么均衡的能量始终在不断消耗,其余 5 个评价指标都是在收敛性的基础上进行的讨论。

5.4.2　均衡控制策略流程对比

本节针对 5.3 节建立的两种均衡控制策略,通过 5.4.1 节介绍的均衡评价指标,对均衡控制参数的选取进行分析,并对两种策略的整体性能进行对比。

根据前文对均衡策略的介绍,这里从均衡目标、均衡时机、均衡参数以及均衡操作等方面对 5.3 节的两种均衡策略的相同点和不同点进行总结与对比。

表 5-2　均衡策略流程相同点

相同点	分级均衡策略、铅酸电池中转均衡策略、耗散型均衡策略
选择的均衡变量	SoC
均衡时机	双向均衡
可选择的均衡参数	均衡电流(1~10A)、均衡电池数目、电池容量、电池类型
充电均衡启动判据	存在电池充满,并且电池组处于不均衡状态
充电均衡结束判据	存在电池充满,电池组电池 SoC 处于设定的阈值内
放电均衡启动判据	车辆停车,并且电池组处于不均衡状态

表 5-3　均衡策略流程不同点

不同点	分级均衡	铅酸电池中转均衡	耗散型均衡
充电均衡操作	LLB 与 HLB 结合	通过能量转移使得电池组内电池 SoC 一致，再充电	通过能量耗散使得电池组内电池 SoC 一致，再充电
放电均衡操作	只开启 LLB	开启铅酸电池中转均衡	开启耗散均衡
放电停止判据	LLB 完成	电池组单体 SoC 最大差值小于 ΔSoC_1	电池组 SoC 最大差值小于 ΔSoC_1

在既定的均衡变量和均衡时机中，均衡电流对均衡的时间消耗、能量消耗以及热耗散功率都有很大影响。分级均衡、铅酸电池中转均衡、耗散型均衡仿真结果分别如图 5-20、图 5-21、图 5-22 所示。随着均衡电流的增大，均衡的时间减小，但是能耗与热耗散功率逐渐提高。时间消耗、能量消耗、热耗散功率等往往不能实现全部最优。本节将在不同方面对各策略进行对比，并通过对比各个策略最优解获取所需的均衡策略。

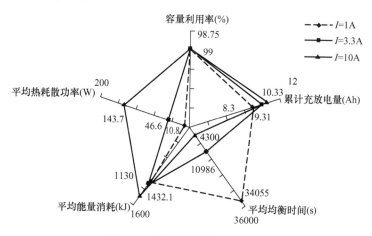

图 5-20　分级均衡仿真结果图

需要注意的是，由于各项评价指标中容量利用率值越大表征均衡效果越好，而热耗散功率、能量消耗、时间消耗、累计充放电电量越大表征均衡效果越差，因此在图 5-20、图 5-21、图 5-22 中，容量利用率所在坐标轴在原点时为 100%，其余轴原点为 0。此时各项指标越接近原点代表均衡效果越好。

5.4.3　均衡时间对比

对于均衡的时间效率而言，可以以相对时间消耗对均衡策略进行分析。此处以传统的耗散型控制策略进行对比研究。通过了解非耗散型均衡控制方法的能量消耗、时间消耗，以传统的耗散型方法作为"标准量"，分别求出"相对量"进行

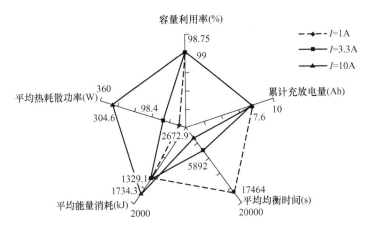

图 5-21　铅酸电池中转均衡仿真结果图

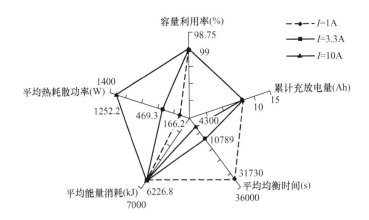

图 5-22　耗散型均衡仿真结果图

对比。例如，对于某种初始情况，用传统耗散型的方法进行均衡充电需要 1h，用 5.3 节的分级均衡需要 0.5h，铅酸电池中转均衡需要 0.8h，则分级均衡的"相对时间消耗"为 50%，而铅酸电池中转均衡的"相对时间消耗"为 80%。同理，也可以同样对相对能量消耗进行定义。均衡的相对时间消耗和相对能量消耗，有助于对策略进行更加直观的了解。

为了对策略进行对比分析，两者的均衡条件完全相同，其中两者均衡电流都为 3.3A，其余参数设置均保持一致。

1. 相对时间消耗对比

结合均衡耗散模型对两种均衡策略进行仿真，获得相对时间消耗如图 5-23 所示。

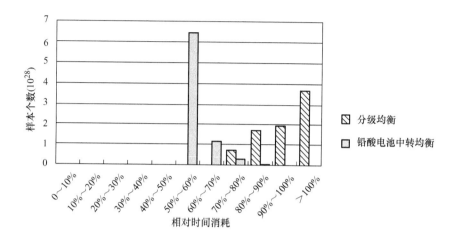

图 5-23 均衡相对时间消耗分布图（$I=3.3A$）

注：0~10%表示区间 [0%，10%]，10%~20%表示区间（10%，20%]，20%~30% 表示区间（20%，30%]，其余分布图依此类推。

（1）铅酸电池中转均衡

当均衡电流为 3.3A 时，时间消耗在 50%~60% 区间的样本为样本总数的 81.8%。总体而言，铅酸电池中转均衡的平均均衡时间约为相同条件下耗散型均衡的 55.3%。

（2）基于小型充电机的分级均衡

在均衡电流为 3.3A 时，分级均衡在完成 LLB 时相对时间消耗约占总时间的 53%。分级均衡相对时间分布图中，存在约 40% 的仿真样本均衡时间大于耗散型均衡，在时间上并没有有效得到优化，其平均时间为耗散型的 1.07 倍。主要原因是在该种仿真条件下，HLB 中小型充电机的充电电流大小只有总充电机的 11%，所需充电时间更长，当减少小型充电机与总充电机的充电电流差距时，分级均衡的时间会逐渐接近基于铅酸电池中转均衡的均衡时间。

在该种均衡前提下，基于铅酸电池的均衡所需时间更短。

2. 最优时间对比

对比图 5-20、图 5-21、图 5-22 中的两个非耗散型均衡策略和传统的耗散型均衡策略在不同均衡电流下的仿真结果可知，随着电流的增大，电池的均衡时间逐渐缩短。

当电流为 10A 时两者所需要的均衡时间最短，此时对其进行对比的结果见表 5-4。

表 5-4　均衡电流为 10A 时均衡效果对比

评价指标	铅酸电池中转均衡	分级均衡	耗散型均衡
收敛性	收敛	收敛	收敛
$\overline{T}/s$	2672.9	3770.7	4300.0
$Q/(Ah)$	7.6	10.3	10.0
η_{cap}（%）	99.0	99.0	99.0
$\overline{E}/kJ$	1734.3	1432.1	6227.6
$\overline{P}/W$	304.6	143.7	1252.2

由表 5-4 以及图 5-24 可知，当电流最大时，基于铅酸电池的中转均衡与分级均衡相对耗散型均衡的时间消耗为 62.6%、87.7%。当追求时间最优时，铅酸电池中转均衡所需时间更短。

此时，其相对时间消耗分布如图 5-25 所示，相比图 5-23，相对时间消耗分布总体向左偏移，随着电流的增大绝对均衡时间消耗与相对时间消耗都降低。

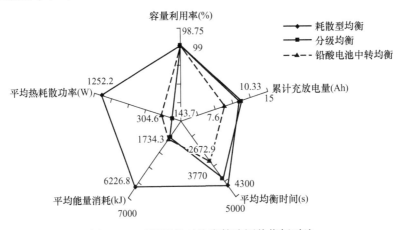

图 5-24　时间最优时均衡策略评价指标对比

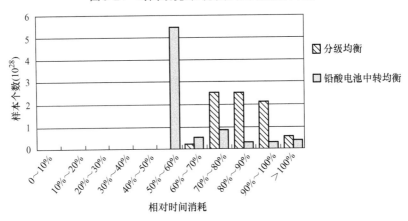

图 5-25　均衡相对时间消耗分布图（$I=10A$）

5.4.4 均衡能量消耗对比

1. 相对能量消耗对比

均衡相对能量消耗分布如图5-26所示。在分级均衡以及铅酸电池中转均衡中相对能量消耗分布在小于30%的区间内。与传统的耗散型均衡相比,分级均衡与铅酸电池中转均衡的能量消耗分别占耗散型均衡的18.1%和21.4%,与耗散型均衡相比,非耗散型均衡的能量消耗有显著的改善。

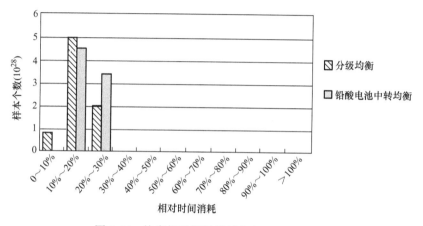

图5-26 均衡相对能量消耗分布（$I=3.3A$）

2. 最优能量消耗对比

由于均衡能量消耗与具体的均衡电流有关,为此,不失一般性地,这里选取均衡电流为1A进行分析,对比不同均衡策略的均衡效果,见表5-5。

表5-5 均衡电流为1A时均衡效果对比

评价指标	铅酸电池中转均衡	分级均衡	耗散型均衡
收敛性	收敛	收敛	收敛
$\overline{T}/s$	17464.0	34055.0	31730.0
$Q/(Ah)$	7.6	8.3	10.0
η_{cap}（%）	99.0	99.0	99.0
$\overline{E}/kJ$	1257.7	997.2	6227.6
$\overline{P}/W$	29.1	10.8	166.2

从表5-5可知,总体而言,分级均衡与铅酸电池中转均衡的平均能量消耗分别为997.2kJ与1257.7kJ。两种均衡策略相比于耗散型均衡的相对能量消耗分布如图5-27所示。从上述图表中可知,分级均衡与铅酸电池中转均衡的能量消耗

相对于传统耗散型均衡都有较显著的减少,相对能量消耗分别减少84.0%、79.8%。不同均衡策略的综合对比如图5-28所示,相对于耗散型均衡,分级均衡与铅酸电池中转均衡在热耗散方面的优化效果最为显著,平均热耗散功率分别减少62.8%、93.5%。

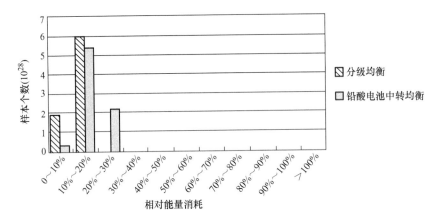

图5-27 均衡相对能量消耗分布（$I=1A$）

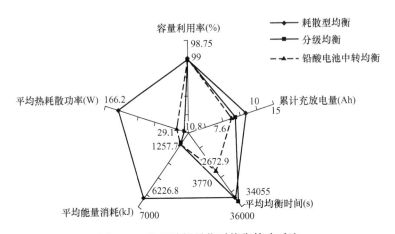

图5-28 能量消耗最优时均衡策略对比

5.4.5 均衡对电池寿命影响对比

1. 累计电荷转移量对比

在均衡过程中电荷的累计充放电量较为稳定,因为决定电荷转移总数的最主要因素是电池间的不均衡度和能量转移的效率。铅酸电池中转均衡与分级均衡分别占耗散型的76%、83%,但是在均衡过程中铅酸电池累计充放电量的平均值为55Ah。铅酸电池中转均衡中对铅酸电池的寿命影响较大。

2. 最优累计电荷转移量对比

综合考虑,当电流最小时,均衡对电池寿命的影响是最小的。其中,考虑到铅酸电池的寿命影响,分级均衡较铅酸电池中转均衡对电池的保护更有效。若考虑到多次充放电循环均衡,只做单向充电均衡可以有效地保护电池,避免电池在充放电过程中电荷由于均衡操作而不断转移。

5.4.6 容量利用率对比

在考虑电池的不均衡是由最大容量不一致引起时,只有双向均衡才能实现容量的最大利用率,而在放电均衡过程中,由于分级均衡只能实施LLB,不能保证其能够全部放空,容量利用率低于基于铅酸电池中转均衡的容量利用率。同时,耗散型均衡在电池组容量不一致时,其容量由容量最低的单体电池决定。因此,容量利用率最高的均衡策略为铅酸电池中转均衡策略,此时其与分级均衡的对比如图5-29所示。

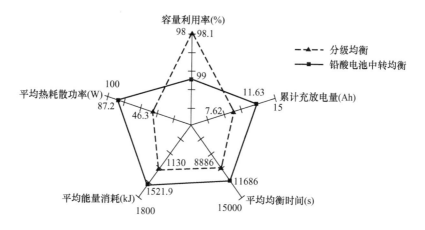

图5-29 最优容量利用率对比

5.4.7 优化案例分析

在本节中将结合具体的案例对均衡策略进行选取。假设96个100Ah的磷酸铁锂电池组成的动力电池组需要均衡,要求充电均衡过程中,均衡最大热耗散功率不大于150W,平均能量消耗不超过1500kJ,最大均衡时间不超过8h。则通过求解可行域,可以得出每个策略的参数表见表5-6。

表 5-6 参数表

策　略	参　数
分级均衡	最优时间搭配：LLB 电流为 3.6A，小型充电机电流为 9A，电池小组内电池为 12 个。此时，最大均衡时间为 4.2h，最大能量消耗为 1380kJ，最大热耗散功率为 145W 最优能量消耗搭配：组内均衡电流为 1.2A，小型充电机电流为 9A，电池小组内电池为 12 个。此时，最大能量消耗为 1200kJ，最大均衡时间为 7.9h，最大热耗散功率为 70W
铅酸电池中转均衡	可选均衡电流为 [2A,4A] 最优时间：均衡电流为 4A。此时，最大时间为 2.4h，平均能量消耗为 1380kJ，最大热耗散功率为 130W 最优能量消耗：均衡电流为 2A。此时，最优能量消耗为 1190kJ，最大时间为 7.9h，最大热耗散功率为 50W
耗散型均衡	最大能量消耗不满足条件

本节对传统的耗散型均衡、分级均衡以及铅酸电池中转均衡策略进行了全面对比分析。根据不同的评价指标对三种策略进行了定量对比。最后，结合实际约束条件，对三种策略的参数选取进行了分析，可得出以下 4 个结论。

1）当均衡电流为 3.3A 时，铅酸电池中转均衡时间最短。当均衡电流为 10A 时，三种策略均衡时间都取得各自的最优值，此时铅酸电池中转均衡与分级均衡相对耗散型均衡的时间消耗为 62.6%、87.7%，相比较而言，铅酸电池中转均衡所需时间更短。

2）当均衡电流为 3.3A 时，分级均衡能量消耗最低。当均衡电流为 1A 时，三种策略均衡能量消耗都取得各自的最优值，与传统的耗散型均衡相比，分级均衡与铅酸电池中转均衡能量消耗相对耗散型减少 84.0%、79.8%。与耗散型均衡相比，非耗散型均衡的能量消耗有显著的改善，此时三种策略中，分级均衡能量消耗更低。

3）当均衡电流为 3.3A 时，铅酸电池中转均衡与分级均衡策略累计充放电电量分别占耗散型的 76%、83%，但是在均衡过程中铅酸电池累计充放电量的平均值为 55Ah。铅酸电池中转均衡中对铅酸电池的寿命影响较大。

4）在双向均衡中，三种策略容量利用率都取得各自的最优值，但是铅酸电池中转均衡的容量利用率最高，因为在放电过程中，它对整个电池组进行非耗散型均衡。

第6章　小结与展望

感谢机械工业出版社给予我很好的机会，将这几年团队研究的一些进展与同行们分享。本书所涉及的研究成果，都是近年来与多家汽车企业、电池企业、电子企业等合作的过程中，团队研发经验的提炼和总结。然而，我们所关注的技术点还远不止本书所覆盖的内容，团队正在开展的研究包括以下几个方面：

1. BMS 的热管理技术

热管理是近年电动汽车电池系统研究的热点和难点。之所以成为热点，是因为热管理对电池系统的安全具有非常重要的意义，而且国内许多企业在这个问题上积累的经验不足；而之所以成为难点，是因为这个问题的解决要同时涉及电池箱的机械结构设计以及 BMS 的控制策略设计，需要在汽车上设置比较多的散热、加热的元件或者装置。电池系统的热管理做得好，往往是以增加整车重量和生产成本为代价的，而电动汽车往往又对重量和成本非常敏感。

2. BMS 的测试与验证

国家及各地对 BMS 的测试验证制定了相关的标准，而实际上在企业研发、生产 BMS 时要进行的测试与验证工作，应该突破国标的限制，进行更为严格的测试检验。BMS 在研发阶段与在产品阶段测试是有区别的。一般来说，研发阶段要对较为复杂的软件控制策略、算法进行验证，要尽可能遍历各种复杂的情况；而产品线上是质检，要求检验速度快，要选择有代表性的指标进行验证。

3. BMS 的软件优化、标准化等问题

在已有控制算法与处理器计算能力、存储容量、数据类型等关系的研究基础上，对 BMS 中的复杂控制算法（如一个包含 SoF 状态估计、双卡尔曼滤波器 SoC 状态估计的算法）进行优化，以降低控制算法对高性能硬件的需求。从控制算法实现方式、处理器硬件资源和系统约束等维度，对控制算法在迭代次数、变量类型、执行效率等方面进行优化；对优化后的控制算法，使用严格的标准协议进行重新封装，生成供控制系统使用的组件 API。

笔者将就以上问题继续开展研究，有兴趣的读者可以通过 sysubms@163.com 邮箱，继续与作者交流。

参考文献

[1] 谭晓军. 电动汽车动力电池管理系统设计 [M]. 广州：中山大学出版社，2011.

[2] 谭晓军. 电池管理系统深度理论研究——面向大功率电池组的应用技术 [M]. 广州：中山大学出版社，2014.

[3] 陈光军. 数据库原理及应用 [M]. 北京：中国水利水电出版社，2005.

[4] CHEN P. The entity-relationship model：toward a unified view of data [J]. Readings in Artificial Intelligence & Databases，1989，10（3）：98 – 111.

[5] DATE C J. An introduction to database systems [M]. Upper Saddle River：Addison-Wesley，1983.

[6] KEVIN LONELY. Oracle8 数据库管理员手册 [M]. 李晓军，李晓华，郑君，等译. 北京：机械工业出版社，1998.

[7] IEEE. Recommended practice for maintenance，testing，and replacement of valve-regulated lead-acid（VRLA）batteries for stationary applications [R]. IEEE，2005.

[8] Idaho National Laboratory. Battery test manual for electric vehicles [R]. USA：Department of Energy，2015.

[9] ZHU M，HU W，KAR N C. The SOH estimation of $LiFePO_4$ battery based on internal resistance with Grey Markov Chain [C] //Transportation Electrification Conference & Expo. IEEE，2016.

[10] LAKKIS M E，Sename O，Corno M，et al. Combined battery SOC/SOH estimation using a nonlinear adaptive observer [C] //2015 European Control Conference（ECC），2015.

[11] YUAN H F，Dung L R. Effect of external resistance on SOH measurement of LFP cells [C]. Power & Energy Engineering Conference. IEEE，2015.

[12] ANDRE D，APPEL C，Soczkaguth T，et al. Advanced mathematical methods of SOC and SOH estimation for lithium-ion batteries [J]. Journal of Power Sources，2013，224（5）：20 – 27.

[13] BLOOM I，COLE B W，SOHN J J，et al. An accelerated calendar and cycle life study of Li-ion cells [J]. Journal of Power Sources，2001，101（2）：238 – 247.

[14] FLECKENSTEIN M，BOHLEN O，ROSCHER M A，et al. Current density and state of charge inhomogeneities in Li-ion battery cells with $LiFePO_4$ as cathode material due to temperature gradients [J]. Journal of Power Sources，2011，196（10）：4769 – 4778.

[15] PUREWAL J，WANG J，GRAETZ J，et al. Degradation of lithium ion batteries employing graphite negatives and nickel-cobalt-manganeseoxide + spinel manganese oxide positives：Part 2，chemical-mechanical degradation model [J]. Journal of Power Sources，2014，272（2）：1154 – 1161.

[16] DANZER M A，LIEBAU V，MAGLIA F. 14 -Aging of lithium-ion batteries for electric vehicles [J]. Advances in Battery Technologies for Electric Vehicles，2015：359 – 387.

[17] AHMADI L，YIP A，FOWLER M，et al. Environmental feasibility of re-use of electric vehicle

batteries [J]. Sustainable Energy Technologies and Assessments, 2014, 6: 64-74.

[18] HEYMANS C, WALKER S B, YOUNG S B, et al. Economic analysis of second use electric vehicle batteries for residential energy storage and load-levelling [J]. Energy Policy, 2014, 71: 22-30.

[19] 李香龙, 陈强, 关宇, 等. 梯次利用锂离子动力电池试验特性分析 [J]. 电源技术, 2013, 37 (11): 1940-1943.

[20] 鲁妍. 梯次利用锂离子动力电池特性及仿真研究 [D]. 北京: 北京交通大学, 2012.

[21] HE H, XIONG R, GUO H, et al. Comparison study on the battery models used for the energy management of batteries in electric vehicles [J]. Energy Conversion & Management, 2012, 64 (4): 113-121.

[22] UNNEWEHR L E, NASER S A. Electric vehicle technology [M]. Hoboken: John Wiley, 1982: 81-91.

[23] DOERFFEL D, SHARKH S A. A critical review of using the Peukert equation for determining the remaining capacity of lead-acid and lithium-ion batteries [J]. Journal of Power Sources, 2006, 155 (2): 395-400.

[24] PLETT G L. Extended Kalman filtering for battery management systems of LiPB-based HEV battery packs: Part 2. Modeling and identification [J]. Journal of Power Sources, 2004, 134 (2): 262-276.

[25] NELSON P, BLOOM I, AMINE K, et al. Design modeling of lithium-ion battery performance [J]. Journal of Power Sources, 2002, 110 (2): 437-444.

[26] ZHANG X, LU J, YUAN S, et al. A novel method for identification of lithium-ion battery equivalent circuit model parameters considering electrochemical properties [J]. Journal of Power Sources, 2017, 345: 21-29.

[27] SEAMAN A, DAO T S, MCPHEE J. A survey of mathematics-based equivalent-circuit and electrochemical battery models for hybrid and electric vehicle simulation [J]. Journal of Power Sources, 2014, 256 (3): 410-423.

[28] HE H, XIONG R, GUO H, et al. Comparison study on the battery models used for the energy management of batteries in electric vehicles [J]. Energy Conversion & Management, 2012, 64 (4): 113-121.

[29] HU X, LI S, PENG H. A comparative study of equivalent circuit models for Li-ion batteries [J]. Journal of Power Sources, 2012, 198: 359-367.

[30] KIRAN M S. TSA: Tree-seed algorithm for continuous optimization [J]. Expert Systems with Applications, 2015, 42 (19): 6686-6698.

[31] YU W, LUO Y, PI Y G. Fractional order modeling and control for permanent magnet synchronous motor velocity servo system [J]. Mechatronics, 2013, 23 (7): 813-820.

[32] HAJILOO A, NARIMAN-ZADEH N, MOEINI A. Pareto optimal robust design of fractional-order PID controllers for systems with probabilistic uncertainties [J]. Mechatronics, 2012, 22 (6):

788-801.

[33] GABANO J D. Fractional identification algorithms applied to thermal parameter estimation [J]. IFAC Proceedings Volumes, 2009, 42 (10): 1316-1321.

[34] NARANG A, SHAH S L, CHEN T. Continuous-time model identification of fractional-order models with time delays [J]. IetControl Theory & Applications, 2009, 42 (10): 916-921.

[35] PODLUBNY I. Fractional differential equations: an introduction to fractional derivatives, fractional differential equations, to methods of their solution and some of their applications [M]. Amsterdam: Elsevier, 1998.

[36] MONJE C A, CHEN Y Q, VINAGRE B M, et al. Fractional-order systems and controls [M]. London: Springer London, 2010: 35-57.

[37] HASAN R, SCOTT J B. Fractional behaviour of rechargeable batteries [C] //2016 Electronics New Zealand Conference. Electronics New Zealand Inc, 2016.

[38] SADLI I, URBAIN M, HINAJE M, et al. Contributions of fractional differentiation to the modelling of electric double layer capacitance [J]. Energy Conversion & Management, 2010, 51 (12): 2993-2999.

[39] WANG B, LIU Z, LI S E, et al. State-of-charge estimation for lithium-ion batteries based on a nonlinear fractional model [J]. IEEE Transactions on Control Systems Technology, 2017, 25 (1): 3-11.

[40] ZOU Y, LI S E, SHAO B, et al. State-space model with non-integer order derivatives for lithium-ion battery [J]. Applied Energy, 2016, 161: 330-336.

[41] SIEROCIUK D, MACIAS M, MALESZA W, et al. Dual estimation of fractional variable order based on the unscented fractional order kalman filter for direct and networked measurements [J]. Circuits Systems & Signal Processing, 2016, 35 (6): 2055-2082.

[42] ZHOU D, ZHANG K, RAVEY A, et al. Parameter sensitivity analysis for fractional-order modeling of lithium-Ion batteries [J]. Energies, 2016, 9 (3): 123.

[43] HE H, XIONG R, GUO H. Online estimation of model parameters and state-of-charge of LiFePO$_4$ batteries in electric vehicles [J]. Applied Energy, 2012, 89 (1): 413-420.

[44] ZHANG L, WANG Z, SUN F, et al. Online parameter identification of ultracapacitor models using the extended kalman filter [J]. Energies, 2014, 7 (5): 3204-3217.

[45] MOORE S W, SCHNEIDER P J. A review of cell equalization methods for lithium ion and lithium polymer battery systems [R]. New York: SAE International, 2001.

[46] ISAACSON M J, HOLLANDSWORTH R P, GIAMPAOLI P J, et al. Advanced lithium ion battery charger [C] //Fifteenth Annual Battery Conference on Applications and Advances. Long Beach: IEEE, 2000: 193-198.

[47] ANDREA D. Battery management systems for large lithium ion battery packs [M]. Norwood: Artech house, 2010: 71-76.

[48] CAO J C J, SCHOFIELD N, EMADI A. Battery balancing methods: A comprehensive review

[C] //IEEE Vehicle Power & Propulsion Conference. IEEE, 2008.

[49] DAOWD M, OMAR N, VAN DEN BOSSCHE P, et al. A review of passive and active battery balancing based on matlab/simulink [J]. International Review of Electrical Engineering, 2011, 6 (7): 2974-2989.

[50] GALLARDO-LOZANO J, LATEEF A, ROMERO-CADAVL E, et al. Active battery balancing for battery packs [J]. Electrical, Control and Communication Engineering, 2013, 2 (1), 40-46.

[51] KIM M Y, KIM C H, KIM J H, et al. A chain structure of switched capacitor for improved cell balancing speed of lithium-ion batteries [J]. IEEE Transactions on Industrial Electronics, 2014, 61 (8): 3989-3999.

[52] KIM M, KIM M, KIM J, et al. Center-cell concentration structure of a cell-to-cell balancing circuit with a reduced number of switches [J]. IEEE Transactions on Power Electronics, 2014, 29 (10): 5285-5297.

[53] ZHENG Y, OUYANG M, LU L, et al. On-line equalization for lithium-ion battery packs based on charging cell voltages: Part 1. Equalization based on remaining charging capacity estimation [J]. Journal of Power Sources, 2014, 247: 676-686.

[54] WEI X, ZHU B. The research of vehicle power li-ion battery pack balancing method [C] // International Conference on Electronic Measurement & Instruments. Beijing, China: IEEE, 2009: 498-502.

[55] WANG Y, ZHANG C, CHEN Z, et al. A novel active equalization method for lithium-ion batteries in electric vehicles [J]. Applied Energy, 2015, 145: 36-42.

[56] MORSTYN T, MOMAYYEZAN M, HREDZAK B, et al. Distributed control for state of charge balancing between the modules of a reconfigurable battery energy storage system [J]. IEEE Transactions on Power Electronics, 2015, 31 (11): 7986-7995.

[57] GAO F, ZHANG L, ZHOU Q, et al. State-of-charge balancing control strategy of battery energy storage system based on modular multilevel converter [C] //2014 IEEE Energy Conversion Congress and Exposition (ECCE). IEEE, 2014.

[58] HUANG W, ABU QAHOUQ J A. Energy sharing control scheme for state-of-charge balancing of distributed battery energy storage system [J]. IEEE Transactions on Industrial Electronics, 2015, 62 (5): 2764-2776.

[59] SHANG Y, ZHANG C, CUI N, et al. A cell-to-cell battery equalizer with zero-current switching and zero-voltage gap based on quasi-resonant LC converter and boost converter [J]. IEEE Transactions on Power Electronics, 2015, 30 (7): 3731-3747.

[60] SPELTINO C, STEFANOPOULOU A, FIENGO G. Cell equalization in battery stacks through State Of Charge estimation polling [C] //American Control Conference (ACC). IEEE, 2010.

[61] CUI X, SHEN W, ZHANG Y, et al. Novel active $LiFePO_4$ battery balancing method based on chargeable and dischargeable capacity [J]. Computers & Chemical Engineering, 2017, 97: 27-35.

[62] EINHORN M, ROESSLER W, FLEIG J. Improved performance of serially connected li-ion batter-

ies with active cell balancing in electric vehicles [J]. IEEE Transactions on Vehicular Technology, 2011, 60 (6): 2448-2457.

[63] BARSUKOV Y, QIAN J. Battery power management for portable devices [M]. Norwood: Artech House, 2013: 111-138.

[64] CHUN C Y. State-of-charge and remaining charge estimation of series-connected lithium-ion batteries for cell balancing scheme [C] //Telecommunications Energy Conference. IEEE, 2016.

[65] BARONTI F, RONCELLA R, SALETTI R. Performance comparison of active balancing techniques for lithium-ion batteries [J]. Journal of Power Sources, 2014, 267: 603-609.